Sepp Moser

Bruchlandung

Sepp Moser

Bruchlandung

Wie die Swissair zugrunde gerichtet wurde

orell füssli Verlag AG

4. Auflage 2001

Umschlaggestaltung: Mario Moths Cosmic Werbeagentur BSW Bern
Druck und Bindearbeiten: Freiburger Graphische Betriebe, Freiburg i. Brsg.
Printed in Germany
ISBN 3-280-02694-6

Die Deutsche Bibliothek – CIP-Einheitsaufnahme

Moser, Sepp
Bruchlandung : Wie die Swissair zugrunde gerichtet wurde / Sepp Moser.-
Zürich : Orell Füssli, 2001
ISBN 3-280-02694-6

Inhalt

Vorwort

Die Schweiz hat ein Problem: Die Swissair, diese Ikone bodenständigen Schweizer Schaffens, dieses Symbol für Zuverlässigkeit, Sicherheit, Rechtschaffenheit, Pünktlichkeit – kurz: für alles Schweizerische, sie ist zugrunde gegangen. Tausende haben ihren Arbeitsplatz verloren, Millionen (so suggeriert jedenfalls die Boulevardpresse) ein Idol, eine ganze Nation ihren Stolz.

Nüchtern betrachtet ist hier ein ganz gewöhnliches Transportunternehmen untergegangen, ein – abgesehen von seiner Größe – normaler Vorgang. Nur zeichnet sich dieser Fall dadurch aus, dass er kaum nüchtern betrachtet wird.

Sieht ein direkt Betroffener die Sache überwiegend unter dem emotionalen Aspekt – eine ehemalige Swissair-Mitarbeiterin, ein um sein Geld gekommener Lieferant, ein mit einem wertlosen Ticket sitzen gebliebener Fluggast –, so ist dies nachvollziehbar. Schwerer verständlich ist es, wenn auch Politiker und hoch bezahlte Manager den Kontakt zur Realität verlieren und auf einer Ebene argumentieren, die mit der Realität nichts zu tun hat.

Leider ist das beim Thema Swissair in der Vergangenheit, und nicht nur in der unmittelbaren, sehr oft geschehen. Die Swissair ist nicht zugrunde gegangen, sie ist, deutsch und deutlich gesagt, zugrunde gerichtet worden. Und vermutlich war gerade die emotionale Verblendung vieler Entscheidungsträger und Meinungsmacher einer der Gründe dafür, dass dies überhaupt geschehen konnte. Wäre die Swissair nämlich mit der gleichen kritischen Sachlichkeit beobachtet und behandelt worden wie jedes andere

Unternehmen, so wären schon vor Jahren die Alarmglocken geläutet worden, und der Niedergang hätte mit guten Erfolgschancen aufgehalten werden können. Die Swissair war nämlich einmal eine wirklich hervorragende Fluggesellschaft!

Der Verfasser beschäftigt sich als Journalist verschiedener Medien seit rund 30 Jahren mit dem Thema Luftverkehr und als Schweizer natürlich besonders mit der Swissair. 1991 legte er in seinem Buch «Die Swissair-Story» (längst vergriffen) dar, warum dieses Aushängeschild der Schweizer Wirtschaft schon damals einen gefährlichen Kurs flog. Das Buch erschien bezeichnenderweise in einem deutschen Verlag, weil damals kein schweizerischer das Risiko eingehen wollte, sich als Schänder eines Nationalheiligtums zu profilieren. Inzwischen haben sich die vor zehn Jahren formulierten Befürchtungen bewahrheitet; zwei Kapitel dieses Buches (Seiten 13 und 27) wurden mit nur minimen redaktionellen Anpassungen aus dem alten Buch übernommen, weil sie heute noch genau so zutreffend sind wie damals.

«Bruchlandung» ist weder eine streng chronologische noch eine pseudodokumentarische Darstellung der Vorgänge rund um die Swissair. Der Verfasser will nicht den Eindruck erwecken, als sei er bei Geheimverhandlungen in abgelegenen Hotels oder bei Verwaltungsratssitzungen immer dabei gewesen. Das Buch ist vielmehr die – aus Platz- und Übersichtlichkeitsgründen extrem geraffte – Zusammenfassung jener Informationen und Erkenntnisse, die sich in all den Jahrzehnten der beruflichen Beschäftigung mit dem Thema ansammelten. Der Aufbau folgt im Interesse der Verständlichkeit so weit als möglich logischen Zusammenhängen, wobei Zeitsprünge und einzelne Wiederholungen in Kauf genommen werden. Das Ziel des Buches ist es, der Leserschaft die verheerende Zwangsläufigkeit vor Augen zu führen, mit der hier eines der angesehensten Unternehmen der Schweiz in den Untergang gewirtschaftet wurde.

Unter dem Zwang zur Kürze und vor allem angesichts der enormen

Komplexität des Themas konzentriert sich das Buch im Wesentlichen auf die Problematik der SAirGroup als Ganzes sowie der Swissair, der Fluggesellschaft. Dabei wird die ebenso dramatische Geschichte zahlreicher anderer Unternehmen der SairGroup zwangsläufig vernachlässigt. Auch über die Charter-Fluggesellschaft Balair ließe sich viel Interessantes sagen, über das Informatik-Unternehmen Atraxis, über das Bodendienst-Unternehmen Swissport und über viele andere. Die Geschichte ist aber auch so schon kompliziert genug, und ihre umfassende Aufarbeitung wird nicht nur den Verfasser dieses Buches, sondern ebenso andere Journalisten sowie wohl auch Gerichte noch lange beschäftigen. Schließlich noch eine wichtige Klarstellung: Die Swissair wurde, wie der Untertitel des Buches sagt, zugrunde gerichtet – aber nicht von den am Schluss 70 000 Mitarbeitern weltweit, sondern von einer kleinen Gruppe von Managern und Verwaltungsräten, letztlich auch von einer irre geleiteten Geschäftsideologie. In ihrer großen Mehrzahl haben die Swissair-Leute (und die anderen Mitarbeiter der SAirGroup) bis zuletzt hervorragende Arbeit geleistet. Umso tragischer ist es, dass sie jetzt die Hauptleidtragenden dieses Debakels sind.

Zürich, im November 2001
Sepp Moser

1. Drei Jahrzehnte Höhenflug

Die Swissair hatte nach dem Ende des Zweiten Weltkrieges während langer Zeit einen sehr guten Ruf. Es war ein eigentlicher Höhenflug über Jahrzehnte hinweg. Und es waren einige wenige Topmanager, welche dem Unternehmen den Stempel des Außergewöhnlichen aufprägten und es zu dem machten, was es war. Zwei von ihnen verdienen es, hier besonders hervorgehoben zu werden: Walter Berchtold und Rudolf Heberlein.

Walter Berchtold war Kreisdirektor der Schweizerischen Bundesbahnen in Zürich, als er 1950 an die Spitze der Swissair berufen wurde. Zuvor hatte er als Wirtschaftsredaktor bei der «Neuen Zürcher Zeitung» gearbeitet. Er sollte der «Macher» in der neuen Swissair werden.

Rudolf Heberlein, Textilindustrieller aus Wattwil im Toggenburg («Helanca») und ab 1951 bei der Swissair, fiel die Rolle des «Strategen» zu. Als weit gereister Ehemann einer Amerikanerin hatte er einen ausgeprägten Sinn für globale Entwicklungstendenzen und große unternehmerische Würfe.

Zusammen bildeten die beiden das Team, das die Swissair durch ihre entscheidenden Jahre führen sollte: Heberlein als Präsident des Verwaltungsrates und Berchtold – das «unternehmerische Naturtalent» («Manager Magazin») – als dessen Delegierter sowie als Vorsitzender der Direktion. Von welchem Geist sie sich leiten ließen, illustriert augenfällig ein Auszug aus einer Rede, die Heberlein 1950 am Parteitag der Freisinnig-Demokratischen Partei der Schweiz hielt: «Wir stehen heute vor ähnlichen Entschlüssen in Bezug auf die Luftfahrt wie eine frühere Generation, als sie sich zum Bau der Gotthardbahn als eines Glieds des internationalen

Eisenbahnnetzes entscheiden musste. (...) Eine eigene Fluggesellschaft wird uns in den Stand setzen, unsere für unser Land spezifisch interessanten Flugpläne aufzustellen. Fliegen wir selbst, so zwingt das Gesetz der Konkurrenz die anderen Fluggesellschaften, zu uns zu kommen. Fliegen wir selber nicht, so sind wir darauf angewiesen, unsere Wünsche und Bitten vorzutragen, wobei unsere Bedürfnisse von den ausländischen Gesellschaften kaum und sicher ungenügend berücksichtigt würden.»

Noch war Heberlein zu jenem Zeitpunkt freilich nicht Präsident der Swissair (er trat sein Amt erst Mitte 1951 an); doch wurde Berchtold – ganz in Heberleins Sinn – bereits 1950 aktiv. Seine erste Tat war die Realisierung einer zuvor schon eingeleiteten Stützungsaktion durch den Bund, verkörpert durch den beschlossenen Kauf von zwei modernen Langstreckenflugzeugen Douglas DC-6B. Das eidgenössische Parlament hatte Geld bewilligt, um die Fluggesellschaft aus einer Krise herauszuführen und mit modernen Flugzeugen auszurüsten, da sie mit den damals verwendeten Langstreckenflugzeugen Douglas DC-4 (welche im Unterschied zu den moderneren Maschinen anderer Fluggesellschaften keine Druckkabine besaßen) nicht wettbewerbsfähig war. Bei dieser Gelegenheit prellte Berchtold gleich das erste Mal vor: Nachdem Ende 1950 bei einer Bruchlandung eine der vier DC-4 der Swissair verloren gegangen war, setzte er den (damals sehr mutigen) Entscheid durch, die Maschine sogleich durch eine weitere, dritte DC-6B zu ersetzen, welche jedoch im Unterschied zu den beiden anderen Maschinen dieses Typs von der Swissair zu bezahlen sein würde! Berchtold zu diesem Coup in seinen Memoiren: «Da die verlorene HB-ILE (so das Kennzeichen der verunglückten DC-4; d. A.) noch von der Swissair versichert war, fiel auch die Ersatzsumme von 1,8 Millionen Franken ihr zu. Die erforderlichen Anzahlungen konnten aus den vorhandenen Mitteln geleistet werden, und für allfällige Restzahlungen konnte man mit der Hilfe der Banken rechnen. So wagte denn der Verwaltungsrat die Bestellung einer dritten DC-6B.»

Als Nächstes nahm sich Berchtold die Einführung einer zeitgemäßen

Organisationsstruktur vor. Ein Organigramm im heutigen Sinne existierte nämlich nicht; die Swissair hatte sich immer «organisch» entwickelt, und so kam es denn, dass beispielsweise der Chef der Swissair-Station Zürich nicht wusste, wem er unterstellt war ... Ähnliches galt auch für andere Bereiche des Unternehmens, und zwar zum Teil noch für längere Zeit. So flogen die Piloten ihre Flugzeuge immer noch weitgehend im Stil der Pioniere von einst, nach Gutdünken und Gefühl, in einigen Fällen sogar in privaten, nach eigenem Geschmack geschneiderten Uniformen! Dazu Berchtold: «Die älteren Piloten aus der Pionierzeit vertraten den Standpunkt, dass sie es, gestützt auf ihr Können und ihre Flugerfahrung, nicht nötig hätten, in eine Zwangsjacke von Vorschriften über Flugverfahren, Landeminima und periodische Prüfungen gesteckt zu werden.» Selbst der Technische Direktor der Swissair vertrat nach Berchtold «die Auffassung, dass die Swissair den Luftverkehr auf schweizerische Art betreiben wolle und es nicht nötig habe, die Methoden fremder Gesellschaften nachzuahmen». In anderen Teilen der Welt, vor allem aber in den USA, waren – wohl nicht zuletzt als Konsequenz aus den Kriegserfahrungen – längst Checklisten und militärisch-präzis vorgeschriebene Flugverfahren die Norm. In diesem Bereich änderten sich die Zustände bei der Swissair nachhaltig erst, nachdem 1954 eines ihrer Flugzeuge im Kanal notwassern musste, weil jeder der beiden Piloten geglaubt hatte, der andere habe das Flugzeug aufgetankt ...

Hilfe von außen

Eingeleitet wurde der strukturelle Wandel jedoch sofort, und zwar mit fremder Unterstützung. Durch die Vermittlung eines amerikanischen Spezialisten übernahmen Heberlein und Berchtold weitgehend operationelle Vorschriften und später auch organisatorische Prinzipien der skandinavischen Fluggesellschaft SAS. Eingefädelt hatte das Ganze der einflussreiche schwedische Industrielle Marcus Wallenberg, der in der SAS den Ton angab und seit vielen Jahren ein guter Freund der Schweiz war. So begann eine Partnerschaft, die später immer wieder neu belebt werden und der Swissair noch manchen nützlichen Impuls bringen sollte. Zeitweise war die SAS später einer der globalen Geschäftspartner der Swissair.

Auch in anderer Hinsicht erscheint die erste Zeit der Ära Heberlein/Berchtold heute wie ein Vorgriff auf spätere Zeiten. Dazu Berchtold: «Das Jahr 1952 hatte zunächst auch auf dem Nordatlantik Sorgen gebracht. Zwar hatte die Rüstungskonjunktur (im Zusammenhang mit dem Koreakrieg; d. A.) den Verkehr in unerwartetem Maße belebt, aber sie war auch von einer Teuerungswelle begleitet, die die Betriebskosten empfindlich ansteigen ließ. Dem Bodenpersonal musste eine fünfprozentige Teuerungszulage zugestanden werden, die im knapp gehaltenen Budget nicht vorgesehen war. Wollte man nach dem ersten Hoffnungsstrahl des vergangenen Jahres nicht wieder einen Rückschlag ins Auge fassen, so blieb kein anderer Ausweg übrig, als bei sparsamstem Personalhaushalt den Flotteneinsatz weiter zu steigern. Dazu mussten vor allem auch die zwei neuen Langstreckenflugzeuge, die nun über das ganze Jahr im Einsatz standen und im Herbst durch eine dritte Einheit ergänzt wurden, ihren Beitrag leisten. Infolge einer grundlegenden Veränderung der kommerziellen Voraussetzungen ließ sich aber das Resultat der Operation auf dem Nordatlantik in jenem Moment allerdings nur schwer voraussagen.

Die gesteigerten Anforderungen des Gesamtbetriebes führten zu gewissen Ermüdungserscheinungen beim Personal, und vor allem begann jetzt auch das Kader, dessen Saläre in der Notlage festgefroren geblieben waren, deutlich vernehmbar zu murren. Ein schlimmer Betriebsunfall aber ereignete sich beim fliegenden Personal. Obwohl die Ausnützung der Flugzeugflotte dauernd erhöht worden war, hatte die technische Direktion keine zielbewussten Maßnahmen ergriffen, um den Bestand des Pilotenkorps den wachsenden Anforderungen des Verkehrs anzupassen: Man begnügte sich damit, die Einsätze zu steigern und den ärgsten Notständen durch die Anstellung einiger ausländischer Piloten abzuhelfen. Da auch dieser Ausweg, an dem die Swissair noch hart zu kauen haben sollte, anfänglich auf den Widerstand der Gewerkschaft Aeropers stieß, wurde die Überbeanspruchung des Flugpersonals auf einen Punkt getrieben, der zu einer Explosion führen musste.» Ersetzt man in dieser Lagebeschreibung den einen oder anderen Ausdruck durch sein moderneres Äquivalent, so erkennt man manches Element der Situation in den frühen neunziger Jahren wieder: die gleichen Planungsfehler, die gleichen Feuerwehrübungen, die (nahezu) gleichen Auseinandersetzungen!

In den neunziger Jahren entschied sich die Swissair-Geschäftsleitung, das Unternehmen zu einem in erster Linie nach den Kriterien des so genannten Shareholder-Value ausgerichteten Konzern auszubauen und massiv – wie wir heute wissen: exzessiv und unbedacht – zu expandieren. Damals jedoch, Anfang der fünfziger Jahre, wählten Berchtold und Heberlein den herkömmlichen, sozusagen «handwerklich sauberen» Weg, die Probleme frontal anzupacken und zu lösen. Es gelang ihnen – und noch viel mehr dazu. Die Swissair brachte es auch fertig, in dem von der US-Fluggesellschaft Pan American ausgelösten Streit um die neue Touristenklasse (bis dahin hatte es im Luftverkehr nur eine Klasse gegeben) erfolgreich mitzuhalten. Sie löste im Europaverkehr die langsam aus der Mode gekommene DC-3 zunächst durch die Convair 240 und später durch die noch modernere Convair 440 Metropolitan ab. Sie erweiterte zielbewusst und gegen zum Teil beträchtliche politische Widerstände ihr Streckennetz, bis es schließlich alle Kontinente außer Australien umfasste. Sie zeigte sich als progressiver Arbeitgeber und schuf für ihre Angestellten fortschrittliche Versicherungen. Sie baute einen hochkompetenten technischen Dienst auf, der ihre Flugzeuge in bester Verfassung hielt. Und sie förderte den Passagierservice in einem Maß, das bei anderen Fluggesellschaften unbekannt war und ihr bald den Ruf der gepflegtesten Fluggesellschaft der Welt eintrug. 1958 konnte Berchtold anlässlich eines Vortrags vor Bankiers mit Recht sagen: «Heute stehen wir im Begriffe, die

Fesseln unserer Binnenlage zu sprengen, den Anschluss an den Ozean der Luft zu gewinnen und die Schweizer Flagge in ferne Weltteile hinauszutragen. Die große Aufgabe ist eines großen Einsatzes würdig.»

1957 erfuhr die Kampagne einen empfindlichen Rückschlag: Rudolf Heberlein, der große Motor des Wiederaufschwungs, starb unerwartet. Sein Freund, Flugkapitän Robert Fretz, lobte ihn zu Recht als «den großen Arzt der Swissair» und schrieb: «Ohne ihn ist ihr phänomenaler Aufstieg, wie er sich bis heute (1973; d. A.) fortgesetzt hat, undenkbar. Bestenfalls hätte ein gemächliches Wachstum eingesetzt. Aus einer völlig verfahrenen und privatwirtschaftlich ausweglos erscheinenden Lage hat Rudolf Heberlein zusammen mit dem zur selben Zeit neu ernannten Direktionspräsidenten Walter Berchtold die Swissair in kurzer Zeit zu einer fest fundierten und kreditwürdigen Unternehmung umgestaltet.»

An der Schwelle zum Jet-Zeitalter

Doch die Fluggesellschaft hatte inzwischen gelernt, für sich selbst zu sorgen. Berchtold blieb auf seinem Posten, und der Steigflug ging, von schwierigen Phasen höchstens vorübergehend unterbrochen, weiter. Der Auftritt der neuen deutschen Lufthansa als ernsthafter Konkurrent – die Fluggesellschaft konnte erst 1955 den Flugbetrieb wieder aufnehmen, nachdem die Siegermächte ein bei Kriegsende ausgesprochenes Flugverbot aufgehoben hatten – brachte entgegen ersten Befürchtungen keinen nachhaltigen Verkehrseinbruch. Und als es 1956/57 um den Entscheid ging, Düsenflugzeuge zu kaufen, entzog sich die mittlerweile wieder mutig gewordene Swissair dem Trend der Zeit nicht. Zusammen mit ihrem Partner SAS entschied sie sich für eine gemeinsam zu betreibende Flotte von nicht weniger als drei verschiedenen Jet-Typen für kurze, mittlere und lange Strecken (Sud Aviation Caravelle, Convair 880 beziehungsweise später 990 sowie Douglas DC-8). Als die Düsenflugzeuge dann ab 1960 bei praktisch allen bedeutenden Fluggesellschaften nahezu gleichzeitig im Linienverkehr auftauchten, kam es zu einer riesigen, weltweiten Überkapazität und zu einem entsprechenden wirtschaftlichen Rückschlag. Auch die Swissair litt unter der Krise, kam jedoch dank einer guten inneren Verfassung, einem hervorragenden Ruf bei den Passagieren und einer soliden Finanzierung mit einem blauen Auge in Form eines Dividendenverzichts für das Jahr 1961 über die Runden. Unmittelbar danach setzte sich der Aufschwung jedoch wieder fort, und bis Mitte der sechziger Jahre lief die Airline zu eigentlicher Hochform auf. Zwischen 1957 und 1967 stieg der Umsatz auf das Vierfache, und 1965 erwirtschaftete sie den damals wie heute sensationellen Cash-Flow von 20 Prozent des Umsatzes!

1965 gab es vermutlich auch bezüglich der Kundendienstleistungen keine bessere Fluggesellschaft auf der Welt als die Swissair. Die deutsche Fachzeitschrift «Absatzwirtschaft» stand nicht allein mit ihrer Begeisterung, als sie einen Flug mit der Swissair wie folgt beschrieb: «Der Flug von Düsseldorf nach Zürich dauert 55 Minuten. Sobald die Leuchtschrift ‹Fasten your seatbelts› erloschen ist und die Swissair-Caravelle jenseits Neuß die graue niederrheinische Wolkendecke durchstößt, beginnt es hinten in der Pantry zu rascheln und zu krabbeln. Der Vorhang bauscht sich. Dann fliegt er zur Seite. Das Schauspiel beginnt. – Die Stewardessen tänzeln durch den schmalen Gang der Economy Class. Ihre Uniformjacken haben sie mit biederen, braven Hauskitteln vertauscht. Dann gehen sie ans Werk, die Wackeren, und servieren den 60 erstaunten Fahrgästen, denen das Frühstück noch im Halse steckt, einen kalten Imbiss mit Roastbeef, Brötchen und Kartoffelsalat. Das alles jedoch nicht auf bruchfestem, extraleichtem Luran (wie man es auch in Irrenanstalten verwendet), nein, auf richtigem Porzellan mit Silberbesteck. 7000 Meter über Hanau erscheinen sie mit Kaffee oder, hilfsweise, Coca-Cola aus der Familienflasche. Auf der Höhe von Stuttgart beginnt das Abräumen und, während der (vaterimaginäre) Flugkapitän per Mikrophon freundliches Aufwiedersehen wünscht und die Caravelle über Zürich-Kloten ruckend zu Tal sinkt, stehen die Töchter der Luft schon wieder im dunkelblauen Dress bereit zum Gute-Reis-Wünschen, Mantel-Reichen, Lächeln, Alte-Leute-Stützen oder (mutterimaginärem, marienhaftem) Babytragen, wie man es immer so schön auf Anzeigen sieht. Ja, die Mädchen von der Swissair, sie speisen einen nicht ab mit dem berüchtigten ‹Minimalgeschenk›, das andere Dienstleister oft so zähneknirschend servieren».

Von Berchtold zu Baltensweiler

Ende 1971 trat Walter Berchtold als Direktionspräsident der Swissair altershalber zurück. Doch der Steigflug ging ungebrochen weiter. Denn in der Person des Ingenieurs Armin Baltensweiler hatte Berchtold einen seiner fähigsten Leute als Nachfolger aufgebaut. Baltenweiler war 1948, nur gerade zwei Jahre nach Abschluss seines Studiums, zur Swissair gestoßen und hatte sich sogleich bei der technischen Betreuung der zur Ablieferung anstehenden neuen Kurzstreckenflugzeuge Convair 240 einen guten Ruf verschafft. In der Folge entwickelte er sich rasch zum führenden Flugzeugexperten der Gesellschaft, und es war sein Verdienst, wenn das Unternehmen in den folgenden Jahren immer wieder als Erstbesteller neuer Modelle oder durch technische Parforceleistungen von sich reden machte.

Beim Stichwort «technische Parforceleistungen» drängt sich ein kurzer Exkurs zum Thema «Coronado» geradezu auf. Die Episode illustriert deutlich, wie hartnäckig, zielbewusst und letztlich meist auch erfolgreich unter Baltensweiler technische Probleme angepackt und einer Lösung entgegengeführt wurden.

Wie bereits kurz erwähnt, hatten Swissair und SAS 1957 gemeinsam einige Mittelstrecken-Düsenflugzeuge des Typs Convair 880 bestellt. Als 1958 die Herstellerwerke eine mit so genannten Mantelstromtriebwerken ausgerüstete, schnellere und auch sonst verbesserte Ausführung mit der Bezeichnung Convair 990 anboten, änderten die beiden Fluggesellschaften ihren Auftrag entsprechend ab. Nach den Zusagen der Lieferantin sollte die Maschine mit einer Reisegeschwindigkeit von 1000 km/h das schnellste Unterschall-Verkehrsflugzeug der Welt werden. Doch es sollte zunächst anders kommen.

Zuerst verspätete sich die Fertigstellung des Flugzeuges – ein Phänomen, das neue Flugzeuge auch heutzutage wie ein ewiger Fluch verfolgt. Dann zeigte es sich, dass bei gewissen Geschwindigkeiten die Flügel zu schwingen begannen; eine abermalige Lieferverzögerung war die Folge, und das Herstellerwerk musste der Swissair leihweise zwei Convair 880 überlassen, damit diese nicht als Einzige noch mit alten Propellerflugzeugen auf der Fernoststrecke zu verkehren gezwungen war. Doch nicht genug der Schwierigkeiten: Als die Convair 990 im Jahre 1961 endlich wieder flog, verhielten sich zwar die Flügel anständig, doch erreichte sie nunmehr die garantierte Geschwindigkeit und Reichweite nicht mehr – Letztere lag um volle 20 Prozent unter den im Vertrag festgelegten Werten!

In einer beispiellosen «Rettungsaktion» baute die Swissair in enger Zusammenarbeit mit dem Herstellerwerk ihre Maschinen nach und nach um, und am 1. Dezember 1962 konnte sie den Erfolg verkünden: Das erste der modifizierten Flugzeuge war mit einer Durchschnittsgeschwindigkeit von 1100 km/h von Zürich nach Genf geflogen!

Die Coronado-Aktion zeigte in allen Teilen deutlich die Handschrift des Technikers Baltensweiler. Für ihn war der Flugzeugbau der «eigentliche Motor des Luftverkehrs», wie er 1967 in der Swissair-Personalzeitung schrieb, und somit die kursbestimmende Leitentwicklung für alle Fluggesellschaften. Mit Baltensweilers Amtsantritt anno 1972 wurde die Swissair von der gewissermaßen ganzheitlich orientierten Fluggesellschaft, als die sie in der Ära Berchtold erschien, vollends zu einer in erster Linie technisch orientierten.

Der Trend hatte sich schon vor dem Führungswechsel abgezeichnet. Bereits bei der Beschaffung des Kurzstrecken-Düsenflugzeuges McDonnell Douglas DC-9 (im Einsatz ab 1966) hatte sich die – durch Baltensweiler repräsentierte – Swissair als «Kunde neuen Stils» zu erkennen gegeben. Sie kaufte die Flugzeuge nämlich nicht einfach mehr oder weniger «ab Stange», sondern bestand darauf, dass die Maschinen exakt ihren speziellen Bedürfnissen angepasst würden. So ist es dem Insistieren der Swissair zuzuschreiben, dass die DC-9 (die heute noch in verschiedenen Ländern fliegt) mit einer zusätzlichen Passagiertüre im Rumpfheck ausgerüstet ist. Und bis vor wenigen Jahren galt die Swissair bei den Flugzeugherstellern als spezieller Kunde. So meinte ein Ingenieur von Boeing: «Es sind verdammt schwierige Burschen. Sie wissen genau, was sie wollen, und lassen sich nichts vormachen. Sie sind anstrengend, aber kompetent – wir nehmen sie sehr ernst.» Erst die von Philippe Bruggisser durchgesetzte Vorherrschaft buchhalterischer Kriterien änderte dies.

Alles kreist um Flugzeuge

«Die Flugzeuge als Mittelpunkt des unternehmerischen Handelns» – so ließe sich die Unternehmensphilosophie der Ära Baltensweiler in starker Verkürzung umschreiben. Ein Artikel mit dem Titel «Streckennetz und Streckenplanung», den der damalige Chef des Swissair-Departements «Verkehr und Verkauf» (heute würde man sagen: Marketing) im Jahre 1971 in einer Swissair-Sonderbeilage der «Schweizerischen Handelszeitung» schrieb, beginnt denn auch folgerichtig nicht mit einer Analyse der weltweiten Verkehrsnachfrage, sondern mit einer Aufzählung der Swissair-Flotte. Dann folgt der Satz: «Mit dieser Flotte bedient die nationale Luftverkehrsgesellschaft gegenwärtig 75 Städte in 56 Ländern auf allen Kontinenten außer Australien.» Und erst dann kommen die im Titel angekündigten Überlegungen zum Ausbau des Streckennetzes. «Have aircraft – will fly», würde ein Amerikaner wohl sagen.

Für diese Dominanz der Technik gab es in jenen Zeiten ohne Zweifel gute Argumente. Zunächst das ökonomische: Je teurer die Flugzeuge sind, umso beherrschender treten sie auch in der Bilanz in Erscheinung. Flugzeuge am Boden kosten Geld, nur in der Luft bringen sie welches ein. Also muss es das Ziel einer jeden Fluggesellschaft sein, ihre Flotte optimal einzusetzen. Das bedeutet, dass die Flugzeuge möglichst nur auf jenen Strecken (mit ihren Sektorlängen, ihrer Verkehrsdichte usw.) eingesetzt werden, für die sie speziell konstruiert wurden – Folge: eine möglichst vielfältige Flotte.

Damit auch die technische Infrastruktur (Einrichtungen, Ersatzteillager, speziell ausgebildetes Personal usw.) rationell genutzt werden kann, braucht es aber von jedem Typ eine hinreichend große Anzahl identischer Flugzeuge. Es besteht also ein Zwang zum Wachstum, zur Suche nach neuen Strecken, zur fortwährenden Steigerung der Effizienz in allen Bereichen und auf allen Stufen. Der Zwang wird gefördert durch die Expansion der Konkurrenten; wer mithalten und nicht verdrängt werden will, muss mitwachsen.

Nur könnte man den gleichen Gedankengang auch in umgekehrter Richtung anstellen und die Fragen in entsprechender Reihenfolge stellen: Wo besteht (jetzt oder in Zukunft) eine interessante Nachfrage? Was erwarten die Kunden von einer Fluggesellschaft? Mit welchem Angebot bezüglich Flugplan, Preis, Nebenleistungen usw. ist die Nachfrage am besten zu befriedigen? Und ganz am Schluss dann die Frage: Welche Flugzeuge und wie viele brauchen wir dazu? Die heute noch erfolgreichen Fluggesellschaften gingen und gehen so vor.

Die Swissair befand sich mit ihrem «technokratischen», flottenorientierten Ansatz freilich in bester Gesellschaft. In den Boom-Jahren seit der Einführung der ersten Strahlflugzeuge um 1960 war dies die in der ganzen Branche verbreitete Philosophie. Ja, die Jet-Einführung an sich war ein Kind dieser Denkweise. Ökonomisch kamen die Düsenflugzeuge nämlich mehrere Jahre zu früh, hatten die Fluggesellschaften doch erst kurz vorher eine neue Generation von Hochleistungspropellerflugzeugen (Douglas DC-7C, Lockheed 1649 Starliner, Bristol Britannia, Lockheed 188 Electra) in Betrieb genommen, die 1960 noch bei weitem nicht amortisiert waren. Dass sie sich dennoch in das teure Jet-Abenteuer stürzten, ist im Wesentlichen dem Vorprellen der Pan American Airways zuzuschreiben, welche 1956 in einem Überraschungscoup gleichzeitig 20 Boeing 707 und 25 Douglas DC-8 bestellt und damit die ganze Konkurrenz zum Nachziehen gezwungen hatte. «Vielleicht mag Juan Trippe (der damalige PanAm-Boss; d. A.) wirklich die Berechnung angestellt haben, dass manchem kleineren Übersee-Konkurrenten nunmehr der Schnauf ausgehen werde und dass er auch gegenüber seinen stärkeren Wettbewerbern einen Zeitvorsprung gewinne, der jene in einen bleibenden Nachteil versetze», spekulierte Berchtold später wohl nicht ohne Grund.

Neben diesem eher wettbewerbsstrategisch motivierten Rush zu den Jets gab es aber auch handfeste technische Gründe für eine forcierte Entwicklung. Nach dem gewaltigen technischen Entwicklungsschub, welchen die Luftfahrt während des Zweiten Weltkrieges erfahren hatte, trat sie nun gewissermaßen ins Erwachsenenalter ein. Die Flugzeuge wurden in rascher Folge nicht nur größer, sondern vor allem auch zuverlässiger, wirtschaftlicher – kurz: zu einem Investitionsgut mit kalkulierbaren Eigenschaften. Waren sie bis dahin «brauchbar», so wurden sie nun plötzlich «gut» (und heute, so könnte man sagen, sind sie «fast perfekt»). Es war also, ein hinreichendes Wachstum des Marktes vorausgesetzt, durchaus auch ökonomisch sinnvoll, den Sprung zu den neuen Jets zu wagen.

Aber die Frage hieß nicht, ob die Entwicklung sinnvoll war, sondern wie man mit ihr zurechtkommen wollte. Denn die Boomjahre in den Sechzigern und Siebzigern brachten für die Fluggesellschaften eine ganze Reihe von Problemen, von denen die meisten ihre Ursache in der zu rasch angestiegenen Transportkapazität des weltweiten Luftverkehrssystems hatten. Preiszerfall und Protektionismus sind nur zwei von ihnen.

Der Markt bewegt sich

Der Preiszerfall äußerte sich einerseits in einer zunehmenden Unterwanderung des vom (damaligen) Luftverkehrskartell IATA verordneten Tarifgefüges und anderseits durch die Einführung der so genannten Economy-Klasse mit reduziertem Serviceangebot. Nachdem schon das bisherige Zweiklassensystem (erste und Touristenklasse) den Fluggesellschaften Sorgen bereitet hatte, mussten sie sich nun plötzlich mit drei verschiedenen Klassen und Servicestandards auseinander setzen.

Fast noch mühsamer waren aber die Probleme im Zusammenhang mit dem sich rasch ausbreitenden Protektionismus – und, um es vorwegzunehmen: sie sind es bis heute geblieben. Wir werden auf diese Problematik später noch ausführlich zurückkommen.

Für die Swissair gab es in dieser Situation nur eines: Den Maximen treu bleiben, die ihr schon in der Ära Berchtold das Überleben gesichert hatten. So wurde auch unter Baltensweiler die Besinnung auf die schweizerische Tradition der Qualität und der hohen Dienstleistungsbereitschaft hoch gehalten. Den Tendenzen zur Senkung der Tarife leistete die Fluggesellschaft ebenso entschlossen Widerstand wie der weitherum zu beobachtenden Tendenz, immer mehr Passagiere in die neuen Großraumflugzeuge hineinzupferchen und dadurch den Sitzkomfort zu reduzieren. Der Schriftsteller Lorenz Stucki beschrieb diese Philosophie in dem 1981 mit Swissair-Hilfe entstandenen Buch «Swissair – Das Porträt einer erstaunlichen Fluggesellschaft» mit den folgenden Sätzen: «Die Swissair hat als einzige Gesellschaft die Sitzreihen ihrer DC-10 nicht von acht auf neun, diejenigen der Jumbo nicht von neun auf zehn Plätze erhöht, um weniger Passagieren mehr Komfort und dank etwas breiteren Gängen reibungsloseren Service zu bieten. Sie sucht die voll zahlenden Einzelpassagiere, besonders die auf Zuverlässigkeit angewiesenen Geschäftsleute, zu gewinnen und verzichtet weitgehend und bewusst auf den potentiell großen Kundenteil, der nur durch tiefe Preise ansprechbar ist und auf Qualität wenig

Wert legt. Das kann nicht ohne Kritik bleiben: ‹geldgierig›, ‹asozial›, ‹Luxus› für eine ‹aristokratische› Oberklasse von Reichen und abweisend für die nicht begüterten ‹normalen› Menschen, denen man anderswo entgegenkommt. Aber die Realität bestätigt solche Vorwürfe kaum. Allein die Zahl von jährlich sieben Millionen Passagieren auf der Basis eines Ländchens mit sechs Millionen Einwohnern widerlegt die Vorstellung einer Snob-Gesellschaft für die Geldelite. Der Unterschied zwischen Economyklass- und Erstklass-Service dürfte in der Swissair eher kleiner sein als in den meisten anderen Gesellschaften – zugunsten des Economy-Passagiers.»

Das tönt zwar stellenweise gar süß, und die enge Zusammenarbeit Stuckis mit dem PR-Dienst der Swissair ist unverkennbar. Dennoch stimmt es: Die Swissair war in den siebziger Jahren in Hochform. Denn nicht nur beim Kundendienst klappte (fast) alles, auch intern erstrahlte sie in Harmonie und Gesundheit. Das Personal war hoch motiviert, die Finanzlage gesund bis goldglänzend, die Struktur witterungsbeständig und zeitgemäß. Trotz schärfster Konkurrenz expandierte sie stetig, trotz drückender Rahmenbedingungen erwirtschaftete sie Jahr für Jahr satte Gewinne. Die Swissair war unzweifelhaft eine der besten Fluggesellschaften der Welt, vielleicht sogar die beste überhaupt.

2. Unerkannt in den Sinkflug

Wann der Niedergang genau einsetzte, ist praktisch nicht festzustellen. Sicher ist nur: Irgendwann um das Jahr 1980 trat ganz unmerklich die Trendwende ein.

Zunächst wirkte sie sich kaum aus. Die Swissair blieb die Erfolgsfluggesellschaft, als die sie die Welt kannte. Aber mit der Zeit wurden die Symptome immer deutlicher. Und bald war selbst für notorische Schönfärber unübersehbar, dass die Swissair nicht mehr die Alte war. Die Swissair verlor nach und nach ihre spezifischen Vorzüge und geriet dadurch in eine Situation, welche sie fast zwangsläufig zu dem führen musste, was sie dann in den neunziger Jahren an den Rand des Abgrunds brachte.

Bei der Analyse dieser Vorgänge sind zwei Dinge zu beachten, die wir den folgenden Kapiteln sozusagen als Präambel voranstellen wollen:

- Es gibt keine Ursachen, sondern nur Ursachen-Komplexe; jeder Auslöser ist seinerseits das Ergebnis verschiedener Entwicklungen, die durchaus auch widersprüchlich sein können. Es wäre also zu billig und vollkommen unstatthaft, einzelne Personen, Entscheide oder Entwicklungen herauszupicken und als Quelle allen Übels zu brandmarken. Gewiss haben Leute versagt, und ganz gewiss sind Fehlentscheide getroffen und verhängnisvolle Entwicklungen zu spät (oder gar nicht) erkannt worden.

  Aber jeder überforderte Manager ist seinerseits das Resultat eines Selektionsprozesses, der wiederum durch eine Vielzahl sich wechselseitig beeinflussender Parameter bestimmt wurde. Und ebenso hat jeder (Fehl-)Entscheid seine durch den momentanen Informationsstand, durch personelle Konstellationen und viele weitere Faktoren bestimmte Geschichte. In der Rückschau tun sich oft Zusammenhänge auf, die im Augenblick der Entscheidung noch nicht durchschaubar sind.

- In den letzten Jahrzehnten hat sich das Milieu, in dem die Fluggesellschaften operieren, dramatisch verändert. Die Probleme haben sich aus dem Bereich der Operation (technische Zuverlässigkeit) in die Bereiche Management und Marktbearbeitung verlagert. Ein Flugzeug zu betreiben und bei jedem Wetter sicher und pünktlich von A nach B zu fliegen, ist heute kein Problem mehr. Schwieriger ist es dagegen geworden, dieses Flugzeug so zu finanzieren, zu betreiben sowie mit Passagieren und mit Fracht zu füllen, dass sein Einsatz einen optimalen Ertrag abwirft. Salopp gesagt, lautet die Frage nicht mehr: «Wie muss ich den Motor behandeln, damit er bis New York durchhält?», sondern: «Wie viel Prozent des durchschnittlichen Verkaufsaufwandes bringt mir ein Passagier der Economyklasse, wie viel Prozent einer der Businessklasse?»

  Das ruft nach neuen Management-Methoden. Und die Entwicklung hat sich noch beschleunigt durch den weltweit zu beobachtenden Trend zu mehr Wettbewerb im Luftverkehr.

Das also als Vorbemerkung. Im Folgenden wollen wir die wichtigsten Teilbereiche einzeln betrachten, und zwar vorerst einmal nur für den Zeitraum bis etwa 1991, dies jedoch der Lesbarkeit zuliebe nicht chronologisch, sondern thematisch gegliedert.

Wer ist die Swissair?

«Ich bin der Größte», pflegte der ehemalige Schwergewichts-Boxweltmeister Cassius Clay alias Muhammed Ali lautstark zu verkünden. Solange er den Meisteritel trug, war dem nicht viel entgegenzusetzen. Peinlich wurde es erst, als Muhammed Ali nicht mehr Weltmeister war, aber trotzdem an dem Anspruch festhielt. Die Selbsteinschätzung sagt oft mehr über einen Menschen aus als objektiv überprüfbare Sachverhalte. Mit Unternehmen ist es nicht anders.

Zum Jahresende 1989, als außerhalb der Swissair nur noch wenige Leute den Zustand des Unternehmens als gut bezeichneten, lobte dessen Verwaltungsratspräsident Armin Baltensweiler seine Mitarbeiter in den Himmel: «Unter erschwerten Bedingungen … haben Sie eine hervorragende Arbeit geleistet. Die Swissair durfte denn auch 1989 wieder verschiedene Auszeichnungen entgegennehmen. Dafür möchte ich Ihnen herzlich danken. Auch im Namen des Verwaltungsrates gebührt Ihnen hohe Anerkennung für Ihr Engagement.»

Solche Worte und die durch sie ausgedrückte Selbsteinschätzung, seit Urzeiten immer wiederholt, prägten in jener Zeit nicht nur die Unternehmenskultur, sondern auch das individuelle Bewusstsein zahlreicher Swissair-Mitarbeiter. Die Telefonbuchseiten des Zürcher Flughafen-Vorortes Kloten zeugten davon. Da gab es dutzendweise Einträge mit der Berufsbezeichnung «Swissairangest.» – nicht «Kfm. Angest.» oder «Magaziner» oder «Stenotypistin» oder «Chauffeur», nein: «Swissairangest.» Wer in einer anderen Schweizer Stadt mit ähnlich monokulturellen Wirtschaftsverhältnissen nach Analogien suchte (in Baden etwa nach «ABB-Angest.»), suchte vergebens.

Nur das Epitheton «Swissair» verlieh offenbar jenen Status, der Erhabenheit über die anderen garantierte und mit ihm auch Immunität gegenüber den Härten des wirklichen Lebens.

Das ist ebenso sehr ein individual- wie ein gruppenpsychologisches Phänomen. Wer damals mit einzelnen der rund 20 000 «Swissairangest.» sprach, fand auf allen Hierarchiestufen Zeichen für eine Betriebsnähe, die man nur als Überidentifikation bezeichnen kann. «‹Wir› fliegen nach Peking», «‹Wir› haben neue Flugzeuge gekauft», tönte es da, als ob der Gepäckwagenfahrer höchstselbst die entsprechenden Verträge unterschrieben hätte. Wohlverstanden: Personal, das sich als Teil seines Unternehmens fühlt, ist ein Aktivum von unschätzbarem Wert. Aber alles hat seine Grenzen. Bei der Swissair der achtziger und neunziger Jahre waren sie tendenziell eher überschritten, war eher eine Über- als eine Unteridentifikation zu diagnostizieren.

Und das setzte sich über alle damals sechs Stufen des Organigramms bis ins Topmanagement fort. In der Flight-Attendant-Ausbildung (man könnte ebenso gut Flugbegleiter sagen, aber das tönt weniger sexy) wurde ein Hinweis auf die ernst zu nehmende Servicekonkurrenz anderer Airlines (hier: der American Airlines) mit der Antwort bedacht: «Wer den Rotwein kalt serviert, ist für uns keine Konkurrenz.» Auch in der damaligen Schweizerischen Luftverkehrsschule, einer während Jahrzehnten zwar vom Bund finanzierten, aber praktisch nur den Bedürfnissen der Swissair dienenden (und daher folgerichtig auch als Swissair-interne Stelle geführten) Pilotenschule, erhielten die jungen Flieger schon in den ersten Lektionen das Virus des Überheblichkeitsgefühls eingepflanzt. So kam es dann, dass ein gestandener Flugkapitän und Buchautor auf die Frage eines Journalisten, ob er sich denn im Vergleich zu einem Kollegen von British Airways oder Air France wirklich als besserer Pilot fühle, ohne zu zögern mit «Ja» antwortete. Oder dass ein anderer als Flugpassagier in Alaska vor dem Start in der Passagierkabine einen derartigen Radau aufführte, dass er von der Polizei festgenommen wurde, nur weil er glaubte, seinen weiß Gott schnee- und wintererfahrenen Berufskollegen ungefragt, aber lautstark beibringen zu müssen, wie man in einem Schneesturm startet.

Auch die offizielle Swissair-Politik war von diesem Geist geprägt. Otto Loepfe, 1991 der Vorsitzende der Swissair-Geschäftsleitung, behauptete dauernd, seine damaligen Bündnispartner Delta (USA), Singapore Airlines und SAS «aus über 70 möglichen Gesellschaften ausgewählt» zu haben. Er bezog sich damit auf eine interne Studie, in der 70 Fluggesellschaften auf ihr «Partnerschafts-Potenzial» hin untersucht worden waren und die SAS obenauf schwang. Die Wirkung der Aussage war jedoch eine andere: Vor dem geistigen Auge sah man da das Bild von schlangenstehenden Airline-Präsidenten, die auf eine Gelegenheit warteten, die Swissair um einen Zusammenarbeitsvertrag zu bitten. Doch die Wahrheit war, dass beispielsweise die SAS viel lieber mit der holländischen KLM und ersatzweise mit der belgischen Sabena zusammengearbeitet hätte und erst für die – auf den dritten Platz gesetzte – Swissair zu erwärmen war, als sich diese Hoffnungen definitiv zerschlugen und auch der von den Skandinaviern als Partner nicht akzeptierte Swissair-Direktionspräsident (und Loepfe-Vorgänger) Robert Staubli zurückgetreten war. Delta ging auf den Deal ein, weil die Airline dringend einen großen ausländischen Aktionär brauchte (irgendeinen), um dadurch den Aktienkurs zu drücken und einen sich abzeichnenden Versuch für einen «unfriendly takeover» abzublocken. Nichts gegen die Partnerschaften: Sie waren nötig und unter den damaligen Umständen zweifellos auch richtig (wir werden in einem späteren Kapitel auf sie zurückkommen). Auffallend ist nur die Einseitigkeit, mit der sie von der offiziellen Swissair fortwährend als Siegestrophäen dargestellt wurden.

Selektive Wahrnehmung, mag ein Fachmann diagnostizieren. Und der Befund wird gestützt durch die Informationspolitik: Wenn irgendwo in der Welt eine Reisefachzeitschrift die Swissair in einer Umfrage gut platzierte, folgte der Jubelartikel in der Personalzeitung so sicher wie das Amen in der Kirche. Als dagegen das deutsche Wirtschafts-Fachblatt «Capital», beileibe kein Leichtgewicht, in seiner regelmäßigen «Capitalyse Fluggesellschaften» Ende 1990 die Swissair verheerend qualifizierte, war aus der Swissair-Propagandazentrale kein Wort zu hören.

Verdrängte Zahlen

Diese «Capitalyse» verdient nähere Betrachtung. Capital untersuchte im Jahre 1990 20 führende Fluggesellschaften der Welt nach objektiven Kriterien, vergab nach einem ausgeklügelten System Plus- oder Minuspunkte und erstellte dann für jedes Kriterium eine Rangliste. Dabei nahm die Swissair jeweils folgende Positionen ein:

- Finanzkennzahlen: Rang 17 (von nur 18 bewerteten; zwei konnten nicht bewertet werden);
- Leistung: Rang 13 (von 20);
- Rentabilität: Rang 16 (von 19 bewerteten);
- Expansionspotenzial: Rang 14 (von 19 bewerteten);
- Finanzkraft: Rang 13 (von 19 bewerteten).

Sieht man die Sache also objektiv und nicht durch die rosarote Brille der professionellen Swissair-Propagandisten, so gibt es nur eine Diagnose: Bei der Swissair klafften Selbstbild und Fremdbild schon damals meilenweit auseinander.

Das dürfte zum Teil darauf zurückzuführen sein, dass die Swissair schweizerischer Nationalität ist. Die Schweizer haben ja ganz generell die Tendenz, sich als eine Art auserwähltes Volk zu sehen, das über den anderen steht und diese Position fraglos auch immer behalten wird. Diese Tendenz manifestiert sich auf verschiedenen Ebenen. Politisch sind die wiederholte Weigerung, den Vereinten Nationen beizutreten, das Abseitsstehen in der Sache der Einigung Europas, der Rückzug in die so genannte Neutralität (vor allem dann, wenn er mit kurzfristigen wirtschaftlichen Vorteilen verbunden ist) und ganz generell die Abstinenz immer dann, wenn weltpolitisches oder -wirtschaftliches Engagement gefragt ist, Zeichen einer Tendenz zum Realitätsverlust. Auf anderen Gebieten zeigt sich diese Grundhaltung zum Beispiel daran, dass ein großer Teil der Schweizer offensichtlich auch heute noch glaubt, ihr Land sei weltweit immer noch wie zu den Zeiten des Zweiten Weltkriegs als Hort von Frieden, Stabilität und Wohlstand ebenso bekannt wie das Schweizerkreuz und der Begriff «Swiss made» als Ausdruck höchster Fertigungsqualität.

Natürlich gibt es kosmopolitische Schweizer mit Weitblick. Sie wissen, dass bereits in den Niederlanden viele Leute die Schweiz mit Schweden verwechseln (und erst recht in weiter entfernten Ländern wie den USA), dass ihr Land weitherum das Image eines Brennpunktes unsauberer Geldgeschäfte hat, das Schweizerkreuz oft mit dem Roten Kreuz verwechselt und «Swiss made» allenfalls als Synonym für «zu teuer» interpretiert wird. Sie wissen auch, dass selbst die dreieckige Toblerone-Schokolade, dieses Ursymbol eines süßen Alpenparadieses, längst den Amerikanern gehört. Aber diese Leute sind nicht identisch mit jenen, welche das kollektive Selbstverständnis der Schweiz bestimmen.

Und genauso wenig ließ sich während langer Jahre der durchschnittliche Swissair-Angestellte von jenen Einsichten leiten, die beim aufgeklärteren Teil des Personals zweifelsohne vorhanden waren. Er (oder sie) hatte ja auch keinen Grund zu einer anderen als einer vorbehaltlos positiven Selbsteinschätzung. Die Swissair war jahrzehntelang unbestrittenermaßen eine der führenden Fluggesellschaften der Welt, einer der bestzahlenden Arbeitgeber in der an sich schon wohlhabenden Schweiz, eine fortdauernde Erfolgsstory mit regelmäßig wiederkehrenden, schon fast zum Ritual gewordenen Erfolgsmeldungen. Und gewann die Swissair nicht alle paar Monate irgendeine Auszeichnung als beliebteste, beste, schönste, pünktlichste oder charmanteste Fluggesellschaft?

Typisch schweizerisch ...

Insofern ist die Swissair also lediglich typisch schweizerisch – extrem schweizerisch, müsste man vielleicht sagen. Denn im Unterschied zu Firmen wie Nestlé, Novartis, der Zurich Financial Group oder der UBS hat die Swissair den Vorteil, dass ihr Produkt (beziehungsweise ihr Produktionsmittel) extrem stark in Erscheinung tritt. Flugzeuge markieren bei jeder Landung eine unübersehbare Präsenz und sind zudem als Symbol für das Reisen, eine verbreitete Sehnsucht der Menschen, emotionell stark besetzt. So ist es nicht verwunderlich, dass die Swissair im Bewusstsein vieler Schweizer mehr war als eine Fluggesellschaft, nämlich eine Verkörperung der Heimat an sich.

Und so kann es auch nicht erstaunen, dass die ansonsten recht rationale «Neue Zürcher Zeitung» Wirtschaftsnachrichten über die Swissair während Jahrzehnten als Einzige nicht im Wirtschaftsteil publizierte, sondern im Inlandteil.

Einen derartigen Goodwill-Bonus hat nicht jeder, und so ist es ein Stück weit verständlich, dass die «offizielle» Swissair diese Tendenz noch förderte oder ihr zumindest nicht entgegentrat.

Eines der wirksamsten Mittel hierzu dürfte die Art gewesen sein, wie die Swissair bis in die neunziger Jahre mit der Presse umging. Journalisten genossen nämlich auf allen Swissair-Flügen einen pauschalen Rabatt von 50 Prozent im Europa- und von 25 Prozent im Überseeverkehr – und zwar sowohl für dienstliche wie für private Reisen in unbeschränkter Zahl. Mit gewissen Unternehmen, zum Beispiel mit der Schweizerischen Radio- und Fernsehgesellschaft (SRG), bestanden zusätzliche Regelungen, sodass auch deren technisches Personal, wie Kameraleute, Tonoperateure usw., verbilligt fliegen konnte.

Von Korruption sprach niemand, und tatsächlich waren die Rabatte an keinerlei Bedingungen geknüpft. Auch kritische Journalisten erhielten sie anstandslos gewährt. Weil die Vergünstigungen allen Journalisten in gleicher Weise zugute kamen, konnte man auch nicht generell von einer ungleichen Behandlung einzelner Medien sprechen. Die Sache war also sauber.

Eine andere Frage ist, wie sich die Vergünstigungen in der Praxis auswirkten. Eine Konsequenz ist unabstreitbar: Die Schweizer Journalisten zogen wegen der Vergünstigungen oft die Swissair den anderen Fluggesellschaften vor. Sie hatten demzufolge weniger Möglichkeiten, die Swissair mit ihren Konkurrentinnen zu vergleichen – der Effekt war der von Scheuklappen, welche den Gesichtskreis und mit ihm die Urteils- beziehungsweise Vergleichsfähigkeit einschränkten.

War dieser Vorgang noch relativ subtil und unter Umständen für den Betroffenen selbst nicht erkennbar, so nahm das Problem bisweilen die Form echter innerer Zensur an. Als der Autor dieser Zeilen einmal für das Schweizer Fernsehen einen Bericht produzierte, der sich mit den (namhaften) Einnahmen der Swissair aus dem Verkauf zollfreier Getränke und Tabakwaren befasste, intervenierte der Programmdirektor umgehend beim betreffenden Abteilungsleiter und ermahnte ihn, beim Thema «Swissair» besondere Vorsicht walten zu lassen. Für den Autor des Films hatte die Sache keine Konsequenzen. «Zufälligerweise» wurde aber wenig später in der «Tagesschau» ein überdurchschnittlich langer Beitrag über Preisreduktionen in den Zollfreiläden der Swissair gesendet. Als der Autor des ersten Films bei der Redaktion der «Tagesschau» nachfragte, ob sie auch einen ähnlich langen Beitrag bringen würde, wenn ein anderer großer Getränkehändler die Preise für Alkoholika senken würde, war die Antwort vielsagend: «Natürlich nicht, aber den Swissair-Film mussten wir auf Befehl der Generaldirektion bringen.»

Die Geschichte ist kein Einzelfall. Als derselbe Autor für einen Film zum Thema «Simulation» mit einem Kamerateam in die USA reisen wollte (nicht zum Vergnügen, sondern weil damals der einzige Flugsimulator des neusten Typs in Denver stand), versuchte sein Vorgesetzter ihn zu bewegen, die Aufnahmen bei der Swissair zu produzieren. Er ließ sich schließlich überzeugen, bat den Autor aber, wenigstens eine kurze Einstellung auf dem Flughafen Zürich und mit Swissair-Flugzeugen im Bild zu drehen, «weil wir dann den Transatlantikflug gratis hätten». Nach etlichen Diskussionen verzichtete er auch auf dieses Ansinnen, und die Equipe konnte unbehelligt (und mit einem zu 75 Prozent bezahlten Swissair-Ticket) in die Vereinigten Staaten fliegen.

Es wäre also zweifellos falsch, irgendjemandem im Wirkungsfeld Swissair/Medien Bestechung oder Bestechlichkeit vorzuwerfen. Aber die Tatsache bleibt, dass die schweizerischen Journalisten (und mehr noch: ihre Verleger, welche die Spesenrechnungen zahlen) gegenüber ihren Berufskollegen in anderen Ländern eine Bevorzugung genossen, welche für die Presseleute die Gefahr berufsethischer Probleme und für die Swissair die Versuchung der Einflussnahme in sich barg.

Die Probleme waren keineswegs immer nur theoretischer Natur. Ein Beispiel: Ende 1990 intervenierten Swissair-Verwaltungsratspräsident Baltensweiler und Geschäftsleitungs-Vorsitzender Loepfe persönlich beim (später gestürzten) Financier Werner K. Rey. Es ging um die Swissair-kritische Berichterstattung des Rey gehörenden Wirtschaftsmagazins «Bilanz», und die Besprechung endete mit der Zusage Reys, durch einen Mitarbeiter, der gleichzeitig als sein Berater und als Mitglied der «Bilanz»-Redaktion fungierte, einen versöhnlichen Artikel verfassen zu lassen. Das Projekt scheiterte dann freilich an der entschlossenen Gegenwehr der «Bilanz»-Redaktion, und der als Autor vorgesehene «Journalist/Rey-Berater» verließ kurz darauf Reys Firmengruppe.

Imagepflege mag man es nennen oder Stimmungsmache – Tatsache ist, dass die Swissair von der Schweizer Presse wesentlich wohlwollender behandelt wurde als beispielsweise die Lufthansa von der deutschen. Das war kein Zufall. Die Swissair war in der Schweiz als Unternehmen wie als Arbeitgeber eine Adresse allerersten Ranges. Dass die Gründe dafür hauptsächlich auf der emotionellen Ebene lagen, ist keine Kritik, sondern eine nüchterne Feststellung. Akzeptiert man den demokratischen Grundsatz, dass die Mehrheit im Recht ist, muss man auch akzeptieren, dass die hohe Selbsteinschätzung der Swissair und ihrer damals rund 20 000 Mitarbeiter (oder doch des Großteils von ihnen) durch die in der Schweiz insgesamt vorherrschende Meinung durchaus gestützt wurde. Sie war also verständlich – aber deswegen noch nicht unbedingt auch sachlich gerechtfertigt. Loepfe selbst meinte einmal gegenüber dem Autor: «Wir sind extrem schweizerisch, und das ist auch ein Handicap.»

Konflikte vertuschen

Die klaren Köpfe im Swissair-Management teilten diese Meinung schon frühzeitig. Sie akzeptierten, dass Selbstbewusstsein dann zur Gefahr werden kann, wenn es in Selbstzufriedenheit umschlägt, und dass bei der Swissair dieser Punkt klar überschritten war.

Nur mit den Konsequenzen haperte es. Als der Schwede Jan Carlzon im Jahre 1980 sein Amt als Chef der schwedisch-dänisch-norwegischen Fluggesellschaft SAS antrat, rüttelte er seine Mitarbeiter durch absolut ungeschminkte Informationen und klare Zielsetzungen auf. In einem an alle Angestellten abgegebenen Büchlein verglich er wichtige Leistungswerte der SAS (zum Beispiel die Pünktlichkeitsstatistik) mit den entsprechenden Werten der Konkurrenz. Er sagte klipp und klar, dass die Fluggesellschaft nur eine Zukunft haben könne, wenn innerhalb bestimmter Fristen genau definierte Vorgaben erreicht würden. Die Standpauke wirkte, und die SAS wurde innerhalb kürzester Zeit zur pünktlichsten und insgesamt besten Geschäftsreise-Fluggesellschaft Europas. Bei der Swissair wäre, wie selbst Mitglieder der Geschäftsleitung zu jener Zeit unumwunden zugaben, eine ähnliche Aufrüttelungsaktion hoch an der Zeit gewesen. Doch das Gegenteil geschah: Statt umfassend und sachlich zu informieren, beschloss ebendieses Gremium im April 1991, dass künftig nur noch der Vorsitzende der Geschäftsleitung (Otto Loepfe), der Chef des Departements Außenbeziehungen und der Leiter des Presse- und Public-Relations-Dienstes mit Informationen grundsätzlicher Natur an die Öffentlichkeit treten dürften.

Dass der Entscheid keine Woche überlebte, bevor er das erste Mal verletzt wurde, ändert nichts daran, dass er die damalige Strategie des Swissair-Managements reflektierte: Konflikte zurückdämmen statt lösen, mauern statt informieren, Kopf in den Sand stecken. Ganz nach der Devise: «Wir sind und bleiben die Nummer eins, was stört uns die Wirklichkeit?»

3. Die Freiheit über den Wolken

Das waren noch Zeiten! Als die Fluggesellschaften der Welt sich alljährlich zur großen Tarifkonferenz der IATA trafen und dort in der Atmosphäre eines vertrauten Freundeskreises entschieden, wie viel die Leute fürs Fliegen zu zahlen hatten.

IATA heißt «International Air Transport Association» und ist heute eine wertvolle, 278 Mitgliedgesellschaften zählende Dienstleistungsorganisation für den Weltluftverkehr. Damals jedoch, bis in die siebziger Jahre, war es nichts anderes als ein Kartell. Da rechneten also die Airline-Tarifexperten in langen Sitzungen aus, wie hoch die Flugtarife im bevorstehenden Jahr sein sollten; nach getaner Arbeit pflegten sie sich zu lukullischen Galadiners zurückzuziehen. Das Prinzip war einfach: Jeder addierte seine Kosten zusammen. Dann nahm man die Kalkulation jener Fluggesellschaft mit den höchsten Kosten zum Maßstab, schlug darauf eine Gewinnmarge – und schon waren die Flugtarife für alle bestimmt. «Für alle» bedeutete, dass in der Folge zumindest die gut geführten IATA-Fluggesellschaften die Vorfreude auf ein weiteres sorgenloses Jahr genießen konnten.

So kam es denn, dass ein Nordatlantikflug im Jahre 1972 so viel kostete wie ein durchschnittlicher Schweizer Arbeitnehmer in sechs Wochen verdiente – und dies bei allen Fluggesellschaften, denn echte Konkurrenz gab es nicht. Wenn sich eine von ihnen nicht an die gemeinsam vereinbarten Tarife hielt, hatte sie umgehend Probleme mit der Regierung ihres Heimatstaates, denn in fast allen Staaten erklärten die Aufsichtsbehörden die IATA-Tarife ohne weiteres zu den offiziellen. Das galt auch für die Schweiz.

Außerdem konnten «Missetäter» durch die IATA selbst bestraft werden, etwa indem man sie aus dem so genannten Clearing hinauswarf, der gegenseitigen Verrechnung von Flugtickets. (Wegen der einheitlichen Flugtarife war es damals ohne weiteres möglich, Flugscheine bei irgendeiner Fluggesellschaft einzulösen. Heute sind diese Freiheiten eingeschränkt. Das Ticket-Clearing der IATA besteht jedoch weiterhin und ist wichtig für das weltweite Funktionieren des Luftverkehrs.)

Heute kostet ein Nordatlantikflug in der billigsten Tarifklasse nur noch so viel wie das Einkommen aus drei Arbeitstagen des Durchschnittsschweizers, also im subjektiven Vergleich noch ein Zehntel dessen, was dafür vor 30 Jahren zu berappen war. Der Unterschied erklärt sich durch den inzwischen eingetretenen Wandel auf drei Ebenen.

Erstens sind die Flugzeuge produktiver und zuverlässiger geworden. Sie sind größer, schneller, fliegen in großen Flughöhen, wo der Treibstoffverbrauch niedriger ist, und sie sind weit weniger pannenanfällig als die früheren Modelle. Jene waren mit Düsentriebwerken ausgerüstet, welche alle paar tausend Flugstunden zu einer Überholung in die Werkstatt mussten; die Triebwerke der heutigen Flugzeuge schaffen ohne weiteres 20 000 und oft sogar noch mehr Betriebsstunden zwischen den großen Überholungen. Sie sind dermaßen zuverlässig, dass man heute risikolos auch mit zweimotorigen Maschinen Ozeane überqueren kann; früher brauchte es nur schon aus Sicherheitsgründen vier oder zumindest drei Triebwerke. Dazu kommt, dass alle modernen Flugzeuge von zwei Piloten ohne den früher üblichen Bordingenieur geflogen werden können. All das bedeutet tiefere Kosten pro Sitzkilometer und ermöglicht günstigere Tarife.

Zweitens haben sich die wirtschaftlichen Umweltbedingungen für die Fluggesellschaften radikal verändert. Auf diesen Punkt werden wir im Folgenden noch genauer eingehen.

Und drittens werden heute die Flugpreise nicht mehr durch ein Kartell nach der Formel «Kosten der teuersten Airline plus Gewinnmarge» berechnet, sondern genau umgekehrt. Am Anfang steht die Frage, wie viel ein Fluggast für eine bestimmte Reise zu zahlen bereit ist (im Normalfall ist das so viel wie der Preis des billigsten Anbieters). Daraus errechnet sich dann, wie hoch die Kosten einer Fluggesellschaft sein dürfen, damit diese konkurrenzfähig bleibt und erst noch einen Gewinn erwirtschaftet.

Damit ist gesagt, dass für die Fluggesellschaften das Leben heute wesentlich schwerer ist als früher. Nicht nur wegen der umgekrempelten Logik in der Kalkulation, sondern vor allem deshalb, weil sich die äußeren Rahmenbedingungen fundamental verändert haben.

Wettbewerb in den USA …

Die wichtigste Neuerung ist die Tatsache, dass die Fluggesellschaften heute in einem intensiven Wettbewerb um die Gunst der Kunden stehen.

In den USA begann diese Entwicklung, vorerst allerdings auf den Inlandverkehr beschränkt, im Jahre 1978. Seither erstreckt sich die staatliche Aufsicht über die Fluggesellschaften nur noch auf sicherheitsrelevante Aspekte; dazu gehört auch, dass die Aufsichtsbehörde das Vorhandensein jener finanziellen Mittel überprüft, welche für die Aufrechterhaltung eines sicheren Betriebs notwendig sind. Ansonsten sind die US-Fluggesellschaften jedoch völlig frei. Sie können neue Linien eröffnen oder bestehende einstellen, Tarife anheben und senken, Flugpläne verdichten oder verdünnen, wie es ihnen beliebt. Nur missbräuchliches Verhalten wie offensichtliches Dumping ist verboten. Auf der anderen Seite werden einige sozialpolitisch wichtige, ökonomisch aber nicht verantwortbare Flugverbindungen mit abgelegenen Städten durch die Öffentlichkeit subventioniert (in der Schweiz würde man sagen: um den Service public zu gewährleisten).

In der Konsequenz heißt das: Die US-Airlines können seit Ende der siebziger Jahre nach wirtschaftlichen Kriterien arbeiten wie jedes andere Unternehmen. Sie haben die Freiheit, erfolgreich zu sein, wenn sie ein gutes Management, ein konkurrenzfähiges Produkt und eine günstige Kostenstruktur haben, oder sie können untergehen, wenn sie schlecht geführt sind. Für beide Varianten lassen sich zahlreiche Beispiele nennen. Airlines wie die in Texas beheimatete Southwest, die 1976 ganze sechs Boeing 737 einsetzte, gehören inzwischen zum festen Inventar des US-Luftverkehrs; Southwest, ein so genannter «Billigflieger», ist heute mit mehr als 350 Flugzeugen und 2700 Flügen pro Tag die Nummer sieben in den USA, wenn man die Transportleistung (Passagierkilometer pro Jahr) als Maßstab nimmt. Bezüglich der Zahl der Fluggäste ist sie sogar die Nummer drei! Dagegen sind andere, ehemals traditionsreiche Namen wie Pan American, TWA, Eastern und viele weitere verschwunden.

Die USA waren das erste Land, welches bewies, dass der Luftverkehr auch nach den Regeln der «normalen» Marktwirtschaft funktionieren kann. Im ganzen Rest der Welt blieb vorerst – und ist zum großen Teil bis heute – die alte Ordnung in Kraft, wonach für jede Luftverkehrsverbindung zwischen zwei Staaten ein separater, in der Regel mit zahlreichen Wettbewerbseinschränkungen «vergifteter» bilateraler Staatsvertrag erforderlich ist.

Die meisten dieser Verträge enthalten die Klausel, dass die jeweiligen Flugverbindungen nur von Fluggesellschaften der beiden Signatarstaaten betrieben werden dürfen. Eine Linie zwischen Indien und der Schweiz darf demnach nur von schweizerischen und indischen (hier sogar: von einer einzigen schweizerischen und einer indischen) Fluggesellschaften betrieben werden. Würde (theoretisch) eine britische Airline die Linie London–Zürich–Bombay bedienen, so dürfte sie in Zürich keine Fluggäste mit Reiseziel Bombay an Bord nehmen. Wichtig ist ferner, dass die Nationalität einer Fluggesellschaft in diesen Verträgen so definiert wird, dass das Unternehmen «im Wesentlichen im Eigentum und unter der tatsächlichen Kontrolle» von Bürgern des jeweiligen Signatarstaates stehen muss (englisch «substantially owned and effectively controlled...»). Das ist der Grund dafür, dass transnationale Beteiligungen an Fluggesellschaften im

Normalfall höchstens 49,9 Prozent des Aktienkapitals umfassen. Hätte zum Beispiel die Swissair im Jahre 1995 mehr als 50 Prozent der belgischen Sabena erworben – von dem Deal wird später noch ausführlich die Rede sein –, so hätte die Sabena im Sinne der obigen Bestimmung nicht mehr als belgische Fluggesellschaft gegolten und ihre Verkehrsrechte zwischen Belgien und zahlreichen außereuropäischen Staaten verloren.

... und in Europa

In Europa begann die Entwicklung in Richtung auf den freien Wettbewerb ganz zaghaft im Juni 1984. Damals liberalisierten Großbritannien und die Niederlande den Luftverkehr zwischen diesen beiden Ländern. Fortan durfte nun jede britische und jede niederländische Airline ohne Einschränkungen alle Flughäfen des jeweils anderen Landes anfliegen. 1985 kam es zu ähnlichen Abkommen zwischen Großbritannien und fünf weiteren europäischen Staaten, darunter die Schweiz.

In der Folge machte sich die zunehmend stärker werdende Europäische Union (EU) das Ziel eines liberalisierten, dem Wettbewerb ausgesetzten Luftverkehrs zu eigen und verkündete im Jahre 1987 das erste von schließlich drei Liberalisierungs-«Paketen». 1993 war diese Politik mit dem Inkrafttreten des dritten «Pakets» vollendet, und seither sind die Fluggesellschaften der EU-Mitgliedstaaten im Prinzip frei, innerhalb des EU-Raumes ohne spezielle Erlaubnis jede beliebige Flugroute nach einem beliebigen Flugplan zu bedienen und die ihnen zusagenden Tarife zu verlangen. Ähnlich wie in den USA ist nur der Missbrauch verboten, etwa dann, wenn eine große Airline einen kleinen, missliebigen Konkurrenten durch extrem billige Tarife aus dem Markt zu drängen versucht. Umgekehrt können die Regierungen auch einschreiten, wenn auf bestimmten Strecken offensichtlich überrissene Monopolpreise verlangt werden.

Die Welt muss warten

Außerhalb der USA und Europas dringt die wirtschaftliche Freiheit für Fluggesellschaften nur mühsam voran. Zwar ist in mehreren Ländern der Inland-Luftverkehr mehr oder weniger liberalisiert, so beispielsweise in Japan (seit 1986), in mehrerer Ländern Lateinamerikas und anderswo. Im grenzüberschreitenden Verkehr hapert es jedoch noch stark. Markante Ausnahme ist der Nordatlantik, wo die USA ab Anfang der neunziger Jahre mit relativ viel Erfolg danach strebten, ein Land nach dem anderen auf ihre Seite zu ziehen und die jeweiligen bilateralen Luftverkehrsbeziehungen zu liberalisieren. In ähnlicher Weise haben Australien und Neuseeland die zwischen ihnen liegende so genannte Trans-Tasman-Route schon frühzeitig vollständig geöffnet. Das Stichwort heißt «Open Sky», auf deutsch: offener Himmel.

Als Erste machten 1992 die Niederlande von dem amerikanischen Angebot Gebrauch. Heute genießen die meisten europäischen Staaten (mit der gewichtigen Ausnahme Großbritanniens) den Vorzug eines so genannten «Open-Sky»-Abkommens mit den USA, unter ihnen auch die Schweiz. Schweizerische Fluggesellschaften dürfen demnach, wie auch deutsche usw., ohne weiteres jeden Punkt in den USA anfliegen, umgekehrt natürlich auch amerikanische die Schweiz und Deutschland.

Open-Sky-Abkommen erlauben in ihrem Geltungsbereich den ungehinderten Luftverkehr, nicht aber die kommerzielle Zusammenarbeit der daran beteiligten Fluggesellschaften. Insbesondere sind auf der Nordatlantikstrecke aufgrund der amerikanischen Antitrust-Gesetze Preisabsprachen verboten. Genauer: sie wären verboten, denn in der Praxis gewähren die USA zusammen mit einem Open-Sky-Abkommen meist (allenfalls mit Verzögerung) auch die so genannte Antitrust-Immunität, also die Erlaubnis, in legaler «Verletzung» der in den USA geltenden Gesetze Preisabsprachen zu treffen. Damit wird die enge kommerzielle Zusammenarbeit zwischen Fluggesellschaften erst richtig möglich. Ohne Antitrust-Immunität durften die Airlines zwar so genannte Codeshares führen, das heißt gemeinsame Flüge unter den Flugnummern beider Partner anbieten, nicht aber gemeinsam am Markt auftreten. Das führte bisweilen zu paradoxen Situationen wie in den neunziger Jahren, als die Swissair und ihre damalige Partnerin Delta Airlines unter einem Open-Sky-Abkommen, aber während der Anfangszeit noch ohne Antitrust-Immunität gemeinsam über den Nordatlantik flogen. Obwohl Swissair- und Delta-Passagiere nebeneinander im selben Flugzeug saßen und auch denselben Service genossen, zahlten jene mit einem Swissair-Flugschein meist wesentlich mehr als jene, die ihren Platz bei Delta gebucht hatten. Es war den beiden Fluggesellschaften eben verboten, ihre Angebote und Computersysteme abzugleichen …

Als erste Airline-Partnerschaft kam wiederum das holländisch-amerikanische Duo KLM/Northwest in den Genuss der Antitrust-Immunität. Seit 1993 sind die Nordatlantikdienste dieser beiden Airlines vollständig verschmolzen. Zwar tragen die Flugzeuge unterschiedliche Farben und das Personal unterschiedliche Uniformen, es gibt jedoch nur eine gemeinsame Planung, eine kommerzielle Führung und eine Kasse für alle Nordatlantikdienste der beiden Gesellschaften. Etwas weniger enge, in Prinzip aber analoge Kooperationen existieren auch in anderen Fällen, so etwa zwischen Lufthansa und United sowie zwischen Air France und Delta.

Die Folgen der Liberalisierung

Wo immer der Luftverkehr liberalisiert wurde, veränderte sich relativ rasch dessen Struktur und mit dieser das Angebot der Fluggesellschaften. In den meisten Fällen verbesserte sich das Angebot an Flugverbindungen, die Flugpreise sanken, und der Verkehr nahm kräftig zu. Ein Beispiel: Nach der Öffnung des Marktes zwischen Großbritannien und den Niederlanden im Jahre 1984 sank der billigste Tarif von London nach Amsterdam fast schlagartig von 82 £ auf 55 £, nicht zuletzt weil gleichzeitig auch mehr

Fluggesellschaften als zuvor ihre Dienste anboten. Parallel zur Reduktion der Tarife stieg der Verkehr sprunghaft an. Dazu trugen auch die so genannten «Billigflieger» bei. Deren größter und ältester in Europa ist die irische Ryanair. Als diese im Jahre 1986 auf der frisch liberalisierten Strecke Dublin–London in Erscheinung trat, sanken die Flugtarife sofort auf die Hälfte, und das Passagieraufkommen verdoppelte sich innerhalb von drei Jahren. Gut zehn Jahre später zog sich die Konkurrentin British Airways geschlagen von dieser Linie zurück.

Gefördert wurde diese Entwicklung durch die Tatsache, dass die Preise für Kerosin (Flugpetrol) Ende der siebziger Jahre massiv zu sinken begannen und trotz einer vorübergehenden Hausse anlässlich der Kuwait-Krise (1990) und des Golfkrieges (1991) bis zum Jahre 2000 auf relativ tiefem Niveau verblieben. Erst 2000 kam es wieder zu einem markanten Anstieg, der sich jedoch bereits 2001 wieder weitgehend neutralisierte. Die Experten erwarten, dass der Treibstoffpreis auch in Zukunft sprunghaften Veränderungen unterworfen sein wird, vor allem in Zeiten politischer Krisen. Als Schreckensszenario Nummer eins gilt ein politischer Umsturz in Saudi-Arabien. Langfristig sollte er sich jedoch, so die Prognosen, trotz vorübergehender Schwankungen in einer Bandbreite von 9 bis 16 US-Cents pro Liter bewegen. (Diese Preise gelten für unverzollten Treibstoff. Für schweizerische Inlandflüge kommt noch ein Mehrfaches dieses Betrags an Zoll und Nationalstraßen-Zollzuschlag [!] hinzu.)

Doch die Liberalisierung hat für die Fluggesellschaften auch negative Einflüsse gezeitigt.

Einer war die direkte Folge des Wettbewerbs: Sinkende Flugpreise bedeuten geringere Erträge. Im Unterschied zu den «alten Zeiten» gibt es heute keine mehr oder weniger garantierten Gewinne mehr, im Gegenteil: der Zwang, sich gegen die Konkurrenz zu behaupten, drückt die Einnahmen pro Passagierkilometer stetig tiefer.

Besonders die Sondertarife machen den Airlines zu schaffen. Sie sind aus Konkurrenzgründen unverzichtbar und auch kommerziell sinnvoll, sofern sie nicht von allzu vielen Kunden beansprucht werden. Zu diesem Zweck sind sie mit Einschränkungen versehen, welche sie für Geschäftsreisende unattraktiv machen sollen, zum Beispiel mit dem Zwang, die Nacht vom Samstag auf den Sonntag am Zielort zu verbringen. Trotzdem sind sie zum Leidwesen der Fluggesellschaften äußerst erfolgreich. Immer mehr, je nach Strecke bis zu 80 Prozent der Fluggäste, benützen einen Sondertarif, und im Durchschnitt bezahlen sie dafür in Europa nur noch weniger als 50 Prozent des offiziellen Normaltarifs. Zwar wurden auf der anderen Seite auch die Flugzeuge immer wirtschaftlicher, doch hat sich der wirtschaftliche Druck insgesamt markant verstärkt.

Die Fluggesellschaften versuchen dem Ertragszerfall zu begegnen, indem sie die Zahl der zu Sondertarifen verfügbaren Plätze so gering wie möglich halten und sie zudem noch weitgehend auf die nachfrageschwachen Zeiten – im Europaverkehr etwa auf die Flüge um die Mittagszeit – konzentrieren. Auf Flügen mit einem hohen Anteil an Geschäftsreisenden hat es demzufolge weniger Sitze für billig fliegende Touristen. Das Ziel dieser so genannten Ertragssteuerung ist, auf jedem einzelnen Flug gleichzeitig so viele voll zahlende Fluggäste und so wenig leere Sitze wie möglich zu haben – ein Balanceakt, der trotz modernster computerisierter Steuerungssysteme nie perfekt gelingen kann. Der neueste Trend geht dahin, kleinere Flugzeuge einzusetzen, das heißt, das Sitzplatzangebot künstlich zu verknappen und so den Druck auf die Preise zu verringern. British Airways hat mit diesem Vorgehen gute Erfahrungen gemacht, und andere Fluggesellschaften folgen nun dem Beispiel. Dennoch sorgt der harte Konkurrenzkampf dafür, dass das Thema immer aktuell bleibt und die billigen Sondertarife nicht verschwinden werden.

Vom Markenartikel zum Gebrauchsgut

Gefördert wird dieser Trend noch durch die Tatsache, dass Flugreisen vom Publikum immer weniger als «Markenartikel», sondern als normales «Gebrauchsgut» angesehen werden. Etwa so wie Autobenzin: Dieses kauft man meist nach Bequemlichkeits- oder Preiskriterien und nur selten aufgrund der Marke. So wird auch für Käufer von Volltarif-Flugtickets immer mehr das Preis/Leistungs-Verhältnis entscheidend, was konkret heißt: das von der jeweiligen Fluggesellschaft angebotene Streckennetz, der Flugplan, die Pünktlichkeit und der Preis (in dieser Reihenfolge). Welcher Firmenname außen auf dem Flugzeug steht oder wie das Flugpersonal uniformiert ist, verliert rapide an Bedeutung. Es ist deshalb auch immer weniger möglich, eine so genannte «gute Marke» als Argument für einen höheren Flugtarif einzusetzen. Zwischen Zürich und London kann man für einen einfachen Flug (Economyklasse, ohne Flughafentaxen) derzeit jeden Preis zwischen 55 und 1024 Franken bezahlen. Das billigste Angebot, jenes der Fluggesellschaft easyJet, wird mittlerweile zu mehr als einem Drittel auch von Geschäftsreisenden genutzt. Sie verzichten gerne auf einen gepflegten Bordservice und die Möglichkeit der Umbuchung, kaufen ihre Tageszeitung vor dem Flug am Kiosk und zahlen für den allfälligen Kaffee an Bord ein paar Franken, wenn sie damit ihr Spesenbudget dermaßen stark entlasten können.

Da die Flugzeuge zwar immer wirtschaftlicher, gleichzeitig aber auch teurer werden und im Gleichschritt damit die übrigen Kosten – nicht zuletzt die Versicherungsprämien im Gefolge der terroristischen Attacken vom 11. September 2001 – ansteigende Tendenz aufweisen, gibt es für die Fluggesellschaften nur eines: Die Kosten pro produzierten Sitzkilometer beziehungsweise Tonnenkilometer müssen gesenkt werden. «Kostenkontrolle» ist heute ein magisches Schlüsselwort, und die Mitarbeiter der Fluggesellschaften mussten oder müssen mit der Tatsache umzugehen lernen, dass die Gesetze der Marktwirtschaft auch für sie gelten und die

Löhne sich nach den Erträgen zu richten haben, nicht umgekehrt wie in den alten Monopolzeiten. Für viele ist dies eine schmerzhafte Erkenntnis. Die Mitarbeiter der untergegangenen Swissair zum Beispiel stehen bei Niederschrift dieser Zeilen vor der Situation, dass sie, falls sie weiterhin im schweizerischen Luftverkehr tätig sein wollen, bedeutend tiefere Löhne akzeptieren müssen. Dies nicht ohne Grund, war doch die zu hohe Kostenbasis der Swissair einer der Gründe für ihren Kollaps.

Eine zweite für die Fluggesellschaften negative Tendenz manifestierte sich in Form einer Verflachung des Luftverkehrswachstums. In den Jahren zwischen 1990 und 2000 stieg das Verkehrsaufkommen noch um durchschnittlich knapp fünf Prozent pro Jahr an; das ist weniger als die Hälfte des vor der Liberalisierung verzeichneten Wachstums! Dazu kommt, dass sich dieses Wachstum sehr unterschiedlich auf die verschiedenen Weltregionen verteilte. Vor allem Asien verzeichnete bis zu einem Einbruch Ende der neunziger Jahre einen überdurchschnittlichen Zuwachs. 1972 entfielen zwei Drittel des Weltluftverkehrs auf Fluggesellschaften aus den USA und aus Europa, 25 Jahre später nur noch etwa die Hälfte; vom Rest rissen aufstrebende asiatische Airlines den größten Teil an sich!

Diese Entwicklung war einerseits konjunkturell bedingt, andererseits aber auch durch den Umstand, dass der Luftverkehr in Europa und vor allem in den USA näher bei der Sättigungsgrenze lag als beispielsweise in Asien, wo die Distanzen groß sind und die Märkte während langer Zeit rapid wuchsen. Dazu kommt, dass vor allem in Europa, in geringerem Maße auch in den USA, die Entwicklung der Luftverkehrsinfrastruktur (Flughäfen, Flugsicherungssysteme) massiv hinter der Nachfrageentwicklung zurückgeblieben ist. Fünf Prozent Verkehrswachstum pro Jahr würde theoretisch bedeuten, dass pro jeweils 20 existierende Flughäfen jedes Jahr ein neuer gebaut werden müsste. Tatsächlich gibt es jedoch kaum neue Flughäfen, im Gegenteil: die bestehenden werden in ihrer Kapazität durch immer neue Nachtflug- und andere Beschränkungen weiter eingeschränkt. Auch die Flugsicherung – also die Lenkung des Luftverkehrs –

arbeitet nach wie vor mit Strukturen und teilweise auch mit technischen Einrichtungen, die seit Jahrzehnten nicht mehr geändert wurden. So häufen sich allenthalben die Verspätungen, was natürlich einer gedeihlichen Entwicklung des Luftverkehrs nicht förderlich ist.

Es fällt auf, dass die obigen Aussagen zumindest auf den ersten Blick teilweise widersprüchlich erscheinen. Wettbewerb schafft neue Marktchancen, beeinträchtigt jedoch gleichzeitig die Ertragssituation der Fluggesellschaften und gefährdet dadurch deren Existenz. Mehr Wettbewerb führt zu einem Verkehrsanstieg, doch das weltweite Wachstum flacht sich ab.

Sieht man genauer hin, so hat jedoch alles seine Richtigkeit. Im harten Wettbewerb gedeihen die produktiven, kostengünstigen, kurz: die «lebenstüchtigen» und gut geführten Unternehmen, während die anderen langfristig verschwinden. Wenn der Weltluftverkehr insgesamt langsamer wächst, so nicht zuletzt deshalb, weil in den wirtschaftlich starken Gebieten der Welt die Nachfrage bereits annähernd optimal befriedigt wird – dank der Tatsache, dass sich die Luftverkehrsgesellschaften im neuen liberaleren Klima frei entfalten können.

Das ist freilich in vielen Branchen so. Das Besondere am Luftverkehr ist jedoch, dass dieser Wirtschaftszweig zwar mit Flugzeugen, dem mobilsten aller Investitionsgüter, arbeitet, im Einsatz dieser teuren Maschinen jedoch aufgrund der angetönten verkehrsrechtlichen Einschränkungen sowie aus Gründen der Netzwerkoptimierung alles andere als frei ist. Erleidet eine Fluggesellschaft zum Beispiel auf der Nordatlantikstrecke Verluste, so kann sie nicht einfach mit den betreffenden Flugzeugen vermehrt nach Japan statt nach Amerika fliegen – erstens, weil sie dazu möglicherweise keine Rechte hat, und zweitens, weil sie dadurch ihr Verkehrsnetz aus dem Gleichgewicht bringen könnte. Dieses ist nämlich diffizil wie ein komplexer Organismus, jedes Element hängt von jedem anderen ab, und Verlagerungen jeder Art bedürfen minutiöser Planung und sorgfältiger Durchführung.

Fazit: Die Welt des Luftverkehrs ist nicht mehr so friedlich wie früher. Sie ist voller Fallstricke und Gefahren, aber auch voller Chancen. Wer Erstere meidet und Letztere nutzt, kann Erfolg haben, wer an den Herausforderungen scheitert, geht unter.

4. Alcazar und die Folgen

Es ist nicht so, dass die Swissair-Führung die Veränderungen auf dem internationalen Markt nicht bemerkt hätte. Ihr wurde recht früh klar, dass sich die internationalen Strukturen verändern und dass ein «Alleinflug» beträchtliche Risiken in sich birgt. Anstatt aber aus einer allfälligen Kooperation mit anderen Airlines neue Möglichkeiten für die eigene Gesellschaft zu entwickeln, wurde die unglückliche Allianzstrategie der Swissair zu einem Element in der langen Kette der Gründe für ihren Untergang.

In einem freien Markt können, wie es sich in den USA gezeigt hat, langfristig nur wenige große Fluggesellschaften überleben. Heute beherrschen dort sechs Airlines 80 Prozent des Marktes, 1984 waren es zwölf. Die übrigen sind entweder untergegangen oder von einer der großen geschluckt worden. Kleinere Unternehmen arbeiten nur dann erfolgreich, wenn sie entweder eine Marktnische besetzt halten, welche für die Großen uninteressant ist. So macht es die kleine, aber feine Midwest Express in Milwaukee (Wisconsin), welche mit 32 Flugzeugen ein kleines Netz von 28 Zielorten bedient. Oder – zweite Strategie – wenn sie sich als «Juniorpartner» in das System einer großen Airline integrieren. Viele amerikanische Regionalfluggesellschaften haben diesen Weg gewählt. Ihre Flugzeuge fliegen, oft sogar in den Farben des Kunden, für die großen Partner Regionaldienste, die sich mit dem teuer bezahlten Personal der großen Airline nicht aufrechterhalten ließen. Ein Spezialfall sind die so genannten «Billig-Airlines», von denen bereits die Rede war. Beispiele hierfür sind Southwest (die erste Fluggesellschafte dieser Art und die weitaus größte), Fron-

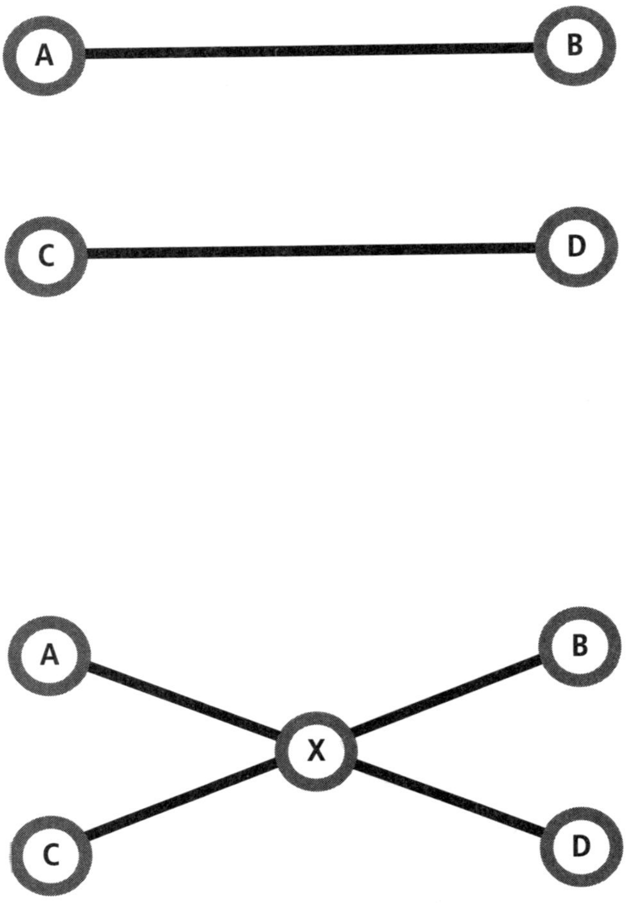

Das «Hub-and-Spokes»-System

tier, JetBlue und im benachbarten Kanada WestJet und die bei Erscheinen dieses Buches eben neu gegründete Air-Canada-Tochter Tango.

Was sind Hubs und Spokes?

Die großen US-Airlines (mit Ausnahme der so genannten «Billigflieger») verfolgen allesamt die gleiche Strategie: Sie versuchen auf einigen wenigen Großflughäfen so genannte Hubs (deutsch: Radnaben) einzurichten und von diesen aus mit möglichst vielen Spokes (Speichen) den Markt abzudecken. Ihre Streckennetze sehen so aus wie eine US-Landkarte mit zwei bis fünf Sternen – oder, um im Bild zu bleiben, Speichenrädern –, deren Speichen im Extremfall das ganze Staatsgebiet abdecken. Durch mehrmals täglich angebotene Wellen von Flügen (amerikanisch: Banks) mit extrem schlanken Anschlussverbindungen auf den Hubs bieten sie eine riesige Zahl von Verbindungen an und ermöglichen es ihren Kunden, mit einmaligem Umsteigen von fast jedem Punkt der USA zu fast jedem anderen zu gelangen. Auf einigen Relationen bedeutet dies für die Fluggäste einen – allerdings meist sehr bescheidenen – Zeitverlust im Vergleich zu einem hypothetischen Nonstopflug, die meisten Verbindungen werden durch dieses «Hub-and-Spoke»-System aber überhaupt erst auf wirtschaftlich vertretbare Art möglich.

Alle großen US-Airlines betreiben solche Hubs und versuchen sie so stark zu dominieren, dass die Konkurrenz praktisch keine Chance mehr hat. In Minneapolis entfallen 80 Prozent des gesamten Luftverkehrs auf Northwest Airlines; selbst American und United, die Nummern eins und zwei weltweit, sind dort im Vergleich zu Northwest nur Zwerge. Dafür ist Denver fest in United-Hand, wird Dallas von American (und ein wenig von Delta) kontrolliert, ist in Atlanta Delta die Nummer eins usw. Anders gesagt: In den USA spielt der Wettbewerb immer weniger zwischen Fluggesellschaften, sondern mehr und mehr zwischen Streckennetzen – dort

«Networks» genannt und auf Deutsch, völlig unkorrekt, «Netzwerke» – und ihren Hubs.

Doch was hat das mit der eingangs erwähnten unglücklichen Allianzstrategie der Swssair zu tun? – Sehr viel!

In Europa konnte sich nämlich dieses Konzentrationsmuster bisher nicht entwickeln, weil hier die politische Einheit des Wirtschaftsraumes fehlt. Erst seit 1993 sind die Fluggesellschaften der EU-Länder frei, zwischen diesen frei zu verkehren, aber auch dies vorläufig noch ohne ungehinderten Zugang zum Inlandverkehr außerhalb der eigentlichen Heimat. Im Langstreckenverkehr gilt dies nicht, weil bilaterale Luftverkehrsabkommen immer noch ausschließlich für die Fluggesellschaften der jeweiligen Staaten gültig sind. Deshalb ist für die Fluggesellschaften Europas eine nationale Identität nach wie vor unerlässlich, es sei denn, sie beschränkten ihr Streckennetz auf die EU. Daraus folgt, dass grenzüberschreitende Fusionen im europäischen Luftverkehr (noch) nicht möglich sind und folglich ebenso wenig Konzentrationsprozesse von der Art, wie sie sich in den USA abgespielt haben. Und das Gleiche gilt für die Airlines aller übrigen Länder – selbst für die amerikanischen, soweit sie internationale Dienste anbieten. Denn auch dort sind sie bilateralen Abkommen und ihren Einschränkungen unterworfen. Übernimmt (wie geschehen) die im US-Bundesstaat Georgia beheimatete Delta die Nordatlantikflüge der bankrotten New Yorker Firma Pan American, so ändert das nichts an der Tatsache, dass die von den USA abgeschlossenen Luftverkehrsabkommen Anwendung finden. Eine Fusion von Delta und Air France dagegen wäre heute ebenso unmöglich wie ein Zusammenschluss von Lufthansa und Iberia.

Zwar gibt es mehrere multinationale Fluggesellschaften mit internationalem Tätigkeitsgebiet, die unangefochten operieren. Scandinavian Airlines beispielsweise ist trinational (und als Unikum erst noch zu einem Drittel nicht in der EU, denn Norwegen gehört lediglich dem Europäischen Wirtschaftsraum EWR an); weitere Beispiele sind Air Afrique (elf Nationen), Gulf Air (vier), deren Konkurrentin Emirates (sieben) oder die karibische BWIA. Sie alle sind jedoch älteren Datums, Emirates als Jüngste von ihnen wurde im Jahre (1985) gegründet. Aber in Europa sind grenzüberschreitende Fusionen nur möglich, wenn sich der «übernommene» Partner auf Dienste innerhalb der EU beschränkt wie die Deutsche BA (in britischem Besitz) oder die britische KLM UK (in holländischem Besitz).

Für die Fluggesellschaften bietet sich als Ausweg aus der Unmöglichkeit, sich zu größeren Einheiten zusammenzufinden, einzig die Allianz an. Eine Allianz ist gemäß Wörterbuch ein Bündnis, ein lockerer Verbund Gleichgesinnter, die sich im allseitigen Interesse gegenseitig beistehen.

Partnerschaften zwischen Fluggesellschaften lagen also auch in Europa schon länger in der Luft, mindestens seit dem Beginn der achtziger Jahre. SAS-Chef Carlzon erkannte dies schon frühzeitig und baute zielstrebig ein Netz enger Kooperationen mit anderen Airlines auf. Nachdem er sich mit der holländischen KLM nicht einigen konnte, konzentrierte er seine Bemühungen mit anfänglich großem Erfolg auf die belgische Sabena. Fünf Minuten vor zwölf scheiterte 1987 jedoch auch dieses Projekt; Grund war eine psychologische Ungeschicklichkeit des quirligen Schweden. Den nachher geplanten Teilkauf der British Caledonian vereitelte die British Airways. Auch eine Beteiligung des SAS an Aerolineas Argentinas kam nicht zustande. Carlzon wollte damit ein Streckenkonzept auf Südamerika ausdehnen, das sich im Fernen Osten und in Nordamerika bereits bewährt hatte. Dort arbeiteten die Nordländer mit der Thai International beziehungsweise mit Continental Airlines zusammen; sie beförderten die Passagiere bis Bangkok beziehungsweise New York und speisten sie dort in das Netz des Partners ein, dessen Flugpläne bis ins Detail auf die der Skandinavier abgestimmt waren. Kooperation statt Konkurrenz war die Devise dieser Partnerschaft und in Carlzons Vision auch das Stichwort für Europas Luftverkehrszukunft.

Für das Swissair-Management galten derartige Gedanken bis 1987 als obszön. Anfang 1988 war dann im Geschäftsbericht für das Jahr 1987 unvermittelt zu lesen, dass Helvetiens nationale Airline «die Zusammenarbeit mit ausgewählten Fluggesellschaften intensivieren» wolle. Im April 1989, als die Verhandlungen mit dem späteren Partner SAS schon weit fortgeschritten waren, setzte sich Otto Loepfe dann in einem Interview des deutschen Fachmagazins «Profitravel» wieder aufs hohe Ross: «Wir lassen uns Zeit mit den Verhandlungen, denn wir fühlen uns nicht im Zugzwang. Ich bin sicher, dass wir auch alleine in Europa überleben können.» Und dann unterzeichnete er – im Juli 1989 – seinen ersten Zusammenarbeitsvertrag, jenen mit der US-Fluggesellschaft Delta Airlines.

Der Delta-Deal

Interessant dabei ist, dass unmittelbar nach Bekanntgabe einer gegenseitigen Kapitalbeteiligung von Swissair und Delta im Umfang von fünf Prozent des Aktienkapitals die Delta-Aktie 0,7 Prozent ihres Wertes verlor. Der Vorgang zeigt, worum es hier ging: nicht um Gefühle, sondern um knallhartes Geschäft.

Beide Airlines genossen einen guten Ruf (Delta hat ihn noch heute). Beide waren jedoch extrem erfolgsverwöhnt und nicht zuletzt deshalb mittel- und langfristig in Gefahr. Beide hatten traditionell Mühe, mutige Entscheide zu fällen, und fanden sich nun im gemeinsamen Bemühen um kosmetische Korrekturen. Eine davon war die gegenseitige Kapitalbeteiligung. Für die Schweizer ging es darum, Aktionsfähigkeit zu demonstrieren, den Amerikanern um die Existenzsicherung und die Abwehr von Übernahmeversuchen.

Denn Delta florierte zwar, verdankte dies aber weitgehend betriebsfremden Einflüssen. Ihr Erzfeind Eastern lag darnieder (und ging später ein); zusätzlich brachte ihr die Verlängerung der Abschreibungsdauer ihrer Flugzeuge um die Hälfte, eine buchhalterische Umlagerung der Kosten für die Personalversicherung sowie der Verkauf (mit anschließender

Miete) von Flugzeugen Millionen ein. Hätte sich auf dem Delta-Heimatflughafen Atlanta die Konkurrentin Eastern – bis vor dem Streik Nummer zwei hinter Delta – oder allenfalls eine andere Airline entwickelt, hätte das damals exorbitante (Monopol-)Tarifniveau sinken und Delta in ernste Gefahr geraten können.

Dazu kam, dass zu jenem Zeitpunkt die Northwest Airlines im Begriffe standen, teilweise von einer Investorengruppe unter Beteiligung der KLM aufgekauft zu werden – später entstand dann daraus die bereits erwähnte Allianz. Das führte dazu, dass die Wall-Street-Experten ihre Augen auch auf andere große Airlines warfen. Zuvorderst auf United, dann aber auch – auf Delta. Steigende Aktienkurse ließen in jenen Wochen Böses ahnen. In dieser Situation war die Fluggesellschaft daran interessiert, sich für einen allfälligen Kaufinteressenten unattraktiv zu machen, indem sie so genannte «Giftpillen» schluckte. Durch den Verkauf von fünf Prozent des Delta-Kapitals an die Swissair wurde eine unwillkommene Übernahme durch einen Dritten weniger wahrscheinlich (der Aktionärsschutz ist in den USA stark ausgebaut, was dem Neuaktionär Swissair eine sehr starke Position verlieh), und der sinkende Aktienkurs belegte dies. Weil sich die Swissair vertraglich verpflichtete, ihre Stimmen im Sinne des Delta-Managements einzusetzen und auf keinen Fall gegen dieses, bestand für Delta auch keine Gefahr, mit der Swissair einem «Trojanischen Pferd» aufzusitzen.

Womit beiden gedient war. Die Swissair hatte einen Coup lanciert und die Delta sich gerade so weit «vergiftet», dass sie zwar noch munter und gesund blieb, für einen Finanzhai aber bereits ziemlich bitter geschmeckt hätte.

Kooperation mit SAS

Nach dem Deal Swissair/Delta hatte die Swissair einen Partner mit Renomme, aber ohne große wirtschaftliche Bedeutung; sechs wöchentliche Flüge Schweiz–Atlanta mit Anschlüssen an das Delta-Netz – so der Flugplan in der Anfangsphase – waren nicht gerade eine intensive Schnittstelle. Was immer noch fehlte, war ein enger Partner in Europa.

Eine Zusammenarbeit mit der skandinavischen SAS war geplant, aber noch nicht zustande gekommen. Nach dem Scheitern seiner Versuche, mit den Belgiern zusammenzuspannen, hatte sich Carlzon der Swissair zugewandt. Die erste Version eines Zusammenarbeitsvertrages war unterschriftsreif, als der Schwede es sich im letzten Moment anders überlegte und – überraschend für die Swissair-Spitze – auch noch eine gegenseitige Kapitalbeteiligung verlangte.

Die Sitzung, an der Carlzon Loepfe über seinen Meinungsumschwung aufklärte, fand im Juni 1989 in aller Heimlichkeit (so weit etwas im Beisein einer Fernseh-Crew heimlich sein kann) auf dem Flughafen Paris Charles de Gaulle statt. Sie wurde von einem Kamerateam des schwedischen Fernsehens gefilmt und später im Rahmen einer Sendung über die Management-Philosophie der SAS gezeigt. So konnte das schwedische Publikum (leider aber nicht das schweizerische) im Maßstab 1:1 sehen, wie unterschiedlich Carlzon und Loepfe schwierige Probleme angingen. Während der Schwede sich redlich bemühte, seinem schweizerischen Freund die unangenehme Nachricht korrekt, aber schonungsvoll beizubringen, war Loepfe «handlungsunfähig; ein Kaninchen angesichts der Schlange», wie sich einer seiner Geschäftsleitungs-Kollegen nach Betrachten des Videobandes ausdrückte.

Das Gespräch ist so aufschlussreich, dass wir es hier im Wortlaut wiedergeben wollen (Originalsprache englisch, Übersetzung vom Verfasser):

Carlzon: «*Sie (die Vereinbarung in der jetzt vorgesehenen Form; d.A.) ist zu lose. Sie hat nicht genug Substanz als echte kommerzielle Zusammen-*

arbeit. Eines der größten Probleme liegt nicht bei euch, sondern bei uns: das echte Potenzial, das in der Zusammenlegung von Außenstationen und Marketing-Organisationen liegt, wird nicht erreicht, weil wir es unterlassen haben, auch eine gegenseitige finanzielle Beteiligung vorzusehen. Du hast sicher die Präsentation der Zusammenarbeit zwischen Air France und Lufthansa gesehen. Für mich ist das ein Witz. Die sagten doch nur: Wir werden fortfahren, so zu kooperieren, wie wir es seit 1949 getan haben, als Adenauer de Gaulle traf (Carlzons Versprecher; er meinte 1963; d. A.). Wir sollten uns nicht in die gleiche Position begeben, das wäre weder für euch noch für uns gut. Wenn wir das am Montag präsentieren, ist es das Gleiche wie das, was Air France und Lufthansa getan haben. Das sollten wir nicht tun, davon bin ich fest überzeugt.»
(Zehn Sekunden Stille.)
Carlzon: «*Ich meine – eh – was ist deine Reaktion darauf? Siehst du das auch so?*»
(Zehn Sekunden Stille. Loepfe kaut die Lippen und sieht starr vor sich auf den Tisch:)
Loepfe: «*Eh –*»
(Fünf Sekunden Stille, Bild wie oben.)
Loepfe: «*Eh –*»
Erich Geitlinger, *Loepfes Stellvertreter, im Bild nicht sichtbar, auf Deutsch:* «*Wollen wir nicht ein Time-out verlangen, fünf Minuten?*»
Darauf mehrere Swissair-Stimmen gleichzeitig.
Loepfe, *zu Carlzon:* «*Möchtest du ein Time-out, damit wir – einfach – es ist ein wenig –*» *(Loepfe lacht verlegen; Ende der Sequenz).*

Wie Loepfe wohl reagiert hätte, wenn Geitlinger nicht dabei gewesen wäre?

Die Swissair ging dann, wie die folgenden Ereignisse zeigten, auf Carlzons Ansinnen ein und unterzeichnete im September 1989 ihren zweiten Zusammenarbeitsvertrag – ohne Zweifel den wichtigsten, öffnete ihr doch das schwedisch-dänisch-norwegische Gemeinschaftsunternehmen SAS erstmals einen echten Zugang zur Europäischen Gemeinschaft. Und mehr noch: Mit seiner extrem leistungs- und kundenorientierten Firmenkultur brachte die SAS genau jene Vorzüge mit in die Partnerschaft, welche der Swissair fehlten (und leider auch in Zukunft fehlen sollten). Die SAS war seit langem zukunftsorientiert organisiert. Statt wie die Swissair mit Beteiligungs- und Tochtergesellschaften zu wursteln, hatte sie eine Holding namens SAS Group und eine Reihe von weitgehend selbstständig operierenden Tochtergesellschaften: SAS Airline, SAS International Hotels, SAS Service Partner (damals Europas größte Flug-Verpflegungsfirma mit Niederlassungen in mehreren Ländern), SAS Trading (Engros- und Detailhandel, u. a. mit Zollfreiwaren), SAS Leisure (Vingresor, der «Kuoni» Schwedens, sowie die Chartergesellschaften Scanair und – minderheitlich – Spanair und einige Touristenhotels), SAS Finance (eine eigene Bank, welche u. a. den Diners Club Nordic sowie ein Drittel einer Versicherungsgesellschaft besaß) und einige weitere Beteiligungen.

Kurz vor Jahresende 1989 und damit vor dem Termin, den sich Swissair-Verwaltungsratspräsident Baltensweiler selbst gesetzt hatte, brachte die Swissair schließlich auch noch einen Kooperationsvertrag mit einem asiatischen Partner unter Dach. Eigentlich war vorgesehen, mit Thai Airways eine Bindung einzugehen. Diese Fluggesellschaft hätte mit ihrem Heimatflughafen Bangkok (dem wichtigsten südostasiatischen Stützpunkt der Swissair) und mit ihren engen Beziehungen zur SAS bestens ins Swissair-Konzept gepasst. Politische Querelen in Thailand verhinderten aber eine Entscheidung, sodass sich Baltensweiler nach einem Jahr des erfolglosen Wartens desillusioniert seiner zweiten Wahl zuwandte, den benachbarten Singapore Airlines. Diese Airline brauchte dringend einen europäischen Partner zur langfristigen Sicherung ihrer Verkehrsrechte und war zudem schon vorher eine Allianz mit Delta eingegangen, die sich nun durch Einbezug der Swissair zur weltumspannenden «Global Alliance» erweitern ließ. So weit bot die Partnerschaft gute Voraussetzungen für ein ersprießliches Gedeihen. Negativ war hingegen der Umstand, dass Singapore für die Swissair der «falsche» Flughafen war; 80 Prozent des Swissair-Verkehrs in jener Region wickelte sich über Bangkok ab. Des Weiteren waren die beiden Partner während Jahren sozusagen traditionell die schärfsten Konkurrenten, und es wäre vermessen gewesen, unter diesen Umständen eine rasche, auch emotionelle Annäherung zu erwarten. Tatsächlich entwickelte sich der Charakter der Partnerschaft nie über das hinaus, was man diplomatisch als «korrekt» bezeichnet. Im Markt traten die beiden immer als Gegner auf.

1990 bauten SAS und Swissair ihre Zweierbeziehung zur «Viererkiste» aus, indem sie mit der österreichischen AUA und mit der Finnair Verträge abschlossen. Das Team nannte sich nun «European Quality Alliance». Es war von den verschiedenen Partnerschaften mit Ausnahme der später mit Sabena eingegangenen Kooperation die einzige, welche sich auf den Alltagsbetrieb der Swissair nachhaltig auswirkte.

Zwischen den Partnern herrschte ein echter Austausch, der allen zugute kam. Flüge und personalintensive Außenstationen wurden zusammengelegt, Flugpläne aufeinander abgestimmt, und man sprach sogar von der Vereinigung ganzer Abteilungen beispielsweise im Bereich der internen elektronischen Datenverarbeitung. Die interkontinentalen Beziehungen gingen dagegen inhaltlich nicht wesentlich über den Austausch von Hostessen und von Freundlichkeiten hinaus. Durchgehendes Check-in für Anschlusspassagiere war eines der wenigen für den Fluggast spürbaren Resultate.

Insgesamt hatte das Thema «Partnerschaften» für die Swissair in jener Zeit mehr propagandistischen als faktischen Wert. Das zeigte sich an der Art, wie es beispielsweise von Loepfe hochgejubelt wurde. Loepfe behauptete, seine Bündnispartner «aus über 70 möglichen Gesellschaften ausgewählt» zu haben. Die Wahrheit ist, dass die SAS viel lieber mit der KLM oder der Sabena zusammengearbeitet hätte, die Delta in der Swissair hauptsächlich einen Schutz vor einem «Unfriendly Takeover» sah und

Singapore Airlines ebenso sehr an ihren Europa-Markt der Zukunft wie an die Liebe zu den Schweizern dachte.

Auch fällt auf, dass in der Swissair bezüglich der Partnerschaften in jener Zeit keine Strategie erkennbar war. Die Partnerschaften «Global Excellence» (Delta und Singapore) sowie «European Quality Alliance» waren in ihrem Charakter, in ihrer Orientierung und bezüglich ihres Entwicklungspotenzials dermaßen uneinheitlich, dass gemeinsame Elemente nicht ins Auge stechen. Im Gegenteil: Berücksichtigt man, dass beispielsweise die SAS sowohl in den USA wie in Asien (mit Continental beziehungsweise Thai International) bereits vor der Swissair Partnerschaften eingegangen war, die nun jenen der Schweizer frontal entgegenstanden, so stellten sich schon Fragen nach der langfristigen Strategie. – Wenn es denn überhaupt eine solche gab. Insider vermuteten, dass es Baltensweiler nicht zuletzt auch darum ging, sich ein Denkmal zu setzen. Ebenso überzeugend ist jedoch die These, dass er, nachdem er das Thema jahrelang verdrängt hatte, in jenem Zeitpunkt gewissermaßen kurz vor Torschluss jene Bräute kurzerhand ergreifen musste, die noch zu haben waren – ein Handlungszwang, der sich ab 1995 auch in Form der so genannten Hunter-Strategie manifestieren sollte.

Immerhin: Mit ihren zwei Gruppierungen «Global Excellence» sowie «European Quality Alliance» (mit SAS und AUA sowie anfänglich auch Finnair) war die Swissair 1990 trotz aller Einschränkungen weiter als viele ihrer Konkurrenten. Doch insgeheim erkannten Loepfe und seine Mit-Manager, vor allem der kluge Expilot und seit 1989 Swissair-«Außenminister» Paul Maximilian Müller, dass die Partnerschaften auf einer zerbrechlichen Grundlage standen und jederzeit auseinander zu fallen drohten.

Das zeigte sich im Oktober 1992, als in der Branche eine Bombe platzte: SAS, die wichtigste Partner-Airline der Swissair, verhandelte mit British Airways über einen Zusammenschluss – und getrennt davon liefen intensive Gespräche zwischen British Airways und KLM!

Der Donnerschlag kam freilich nicht ganz unerwartet, besonders was die SAS betraf. Erstens war diese Gesellschaft aufgrund der in Skandinavien besonders harten Rezession in eine akute Finanzkrise geraten. Zusätzliche Billig-Konkurrenz im Gefolge der auch innerhalb Skandinaviens eingeführten Wettbewerbsfreiheit erschwerte die Lage der teuer produzierenden Top-Airline noch weiter. Und zweitens hatte die Partnerschaft zwischen den Schweizern und den Wikingern in den drei Jahren ihrer Existenz nie richtig «abgehoben», zu unterschiedlich waren die Strategien und vor allem die Persönlichkeiten der beiden Chefs, des extravertierten Jan Carlzon (SAS) und des spröden Otto Loepfe. Jeder blieb sich selbst der Nächste, was sich in Dingen äußerte wie dem Kauf der zweitgrößten Flugverpflegungsfirma Skandinaviens durch die Swissair zwecks Konkurrenzierung der SAS in deren eigenem Heimmarkt.

Alcazar und sein Scheitern

Unbestrittenermaßen war jetzt die Zeit zum Handeln gekommen!

Bereits im Herbst 1992 kam es zu ersten Geheimgesprächen über die Bildung einer Viererallianz aus Swissair, SAS, AUA und der holländischen KLM. Treibende Kraft waren unabhängig voneinander das Team Loepfe/Müller von der Swissair sowie SAS-Chef Jan Carlzon, der eine Alternative zu den Briten suchte. «Alcazar» sollte der Codename des Projektes sein; so heißen die zahlreichen maurischen Festungen in Spanien, von denen jene in der Stadt Toledo die bekannteste ist. Mit ihren vier markanten Türmen überragt die Festung die Stadt und symbolisiert so genau das, was auch die vier Airline-Chefs beabsichtigten: zu viert ein uneinnahmbares Fort zu errichten und damit den zu erwartenden Angriffen der Giganten British Airways, Air France und Lufthansa gewachsen zu sein.

Alcazar erhielt aus schweizerischer Sicht besondere Dringlichkeit, als am 6. Dezember 1992 das Schweizer Stimmvolk den Beitritt des Landes zum Europäischen Wirtschaftsraum (EWR) ablehnte. Damit wurden auch die bilateralen Verträge hinfällig, welche die Eidgenossenschaft mit der EU ausgehandelt hatte und von denen einer die Gleichstellung schweizerischer Fluggesellschaften mit jenen der EU-Länder zum Inhalt hatte. (Erst Jahre später gelang es der Schweiz, mit der EU ein ähnliches Luftverkehrsabkommen abzuschließen. Es war bei Niederschrift dieser Zeilen Ende 2001 jedoch noch nicht in Kraft.) Die Swissair (wie auch die Crossair) sah sich Ende 1992 also mit der Aussicht konfrontiert, im bevorstehenden liberalisierten Luftverkehrsmarkt Europas als Außenseiter gehandicapt zu sein – Grund genug für die Swissair, das Projekt Alcazar mit Energie voranzutreiben!

Nach einer Periode der von allen Beteiligten unbestätigten Gerüchte wurde das Projekt Ende Januar 1993 formell vorgestellt. Zunächst sollte eine gemeinsame Management-Gesellschaft gegründet werden. Diese sollte die vier Airlines koordiniert führen sowie Schritt für Schritt näher zueinander bringen. Für den – noch sehr fernen – Zeitpunkt einer grundlegenden Neuordnung des internationalen Luftverkehrs war dann die eigentliche Fusion geplant.

Um die Egos aller beteiligten Topmanager zu befriedigen, sollte die Management-Gesellschaft vier Chefs haben: einen CEO (Direktionspräsident), einen Chef für die Airlines, einen für die Tochtergesellschaften und einen für die zentralen Funktionen der Gruppe. Die Aktien sollten zwischen den drei großen Partnern und der kleineren AUA im Verhältnis 30:30:30:10 aufgeteilt sein, die 14 Sitze im Verwaltungsrat im Verhältnis 4:4:4:2. Sogleich wurde von 16 aus Vertretern aller Partner zusammengesetzten Arbeitsgruppen die Detailarbeit aufgenommen. Es herrschte eine euphorische Stimmung.

Doch alsbald zeigten sich erste Widerstände, externe wie interne. Extern formierte sich in allen Ländern, am wenigsten noch in den Niederlanden, die Opposition. In der Schweiz waren es Politiker und ein Teil der Presse, welche vor allem mit nationalistischen Argumenten («Blick»-

Schlagzeile: «Swissair muss Swissair bleiben!») gegen das Projekt kämpften. Dazu kam Opposition von Seiten des damaligen Crossair-Chefs Moritz Suter, der einen Gegenvorschlag mit dem Namen «Phoenix» unterbreitete. Sein Plan glich nicht nur im Namen, sondern auch in der Substanz dem nach der Swissair-Krise im Jahre 2001 beschlossenen Reorganisationsprojekt; als zentrales Ziel sah er ebenfalls die weitgehende Zusammenführung der beiden Fluggesellschaften nach den kommerziellen Prinzipien der Crossair vor.

Innerhalb des Alcazar-Verbundes kreiste der Streit immer wieder um die gleichen drei Fragen: Wie sind die vier Partner wirtschaftlich zu gewichten? Wer erhält welchen Posten? Und: Welche US-Fluggesellschaft wird der strategische Partner von Alcazar?

In der ersten Frage standen sich vor allem KLM und Swissair gegenüber. Die Schweizer, deren Swissair damals noch die reichste weit herum war und oft als «fliegende Bank» bezeichnet wurde, beanspruchten die Führungsrolle. Dagegen machten die Holländer ihre bedeutend stärkere Marktstellung geltend. Dieser Situation entsprechend kristallisierte sich auch die Verteilung der Posten heraus: Otto Loepfe sollte CEO werden, aber der Hauptsitz der Management-Gesellschaft in Amsterdam sein; umgekehrt hätte KLM-Chef Pieter Bouw das faktisch einflussreichere Amt des Airline-Chefs übernommen, doch wäre der Sitz dieser Abteilung in der Schweiz gewesen. Als Chef des Verwaltungsrates war ein Däne vorgesehen, was wiederum Hannes Goetz verärgerte, der als Verwaltungsratspräsident der Swissair selbst Anspruch auf diesen Posten zu haben glaubte.

In der Frage des US-Partners favorisierten die Holländer Northwest Airlines. Wie weiter oben beschrieben, waren sie Ende 1992 im Begriff, mit dieser unter der frisch gewährten Antitrust-Immunität den ersten partnerschaftlichen Nordatlantikdienst aufzuziehen; überdies waren sie mit 20 Prozent am Kapital der Northwest beteiligt. Die Swissair dagegen pochte auf ihren Partner Delta, den sie als den qualitativ besseren bezeichnete.

Dieser Teil der Auseinandersetzung war es denn auch, der das Alcazar-Projekt schließlich scheitern ließ. Entscheidend war ein Auftritt von Rainer E. Gut, Chef der damaligen Schweizerischen Kreditanstalt (heute Credit Suisse) und Mitglied des Swissair-Verwaltungsrates, Ende September 1993 an einer Sitzung in Wien. Gut polterte äußerst massiv und, wie sich ein Beteiligter ausdrückte, beleidigend gegen die Möglichkeit einer Partnerschaft mit Northwest; zudem forderte er für die Swissair einen höheren als den bis dahin vereinbarten Anteil an der neuen Management-Gesellschaft. Damit war die Stimmung unter den potenziellen Partnern so nachhaltig gestört, dass der Bruch unvermeidlich war. Am 21. November 1993 trugen die vier beteiligten Airline-Chefs das hoffnungsvolle Projekt formell zu Grabe.

In der Folge geriet die Swissair immer mehr ins Abseits. Die «European Quality Alliance» (EQA) löste sich im Jahre 1996 nach dem Absprung der SAS (die nun mit dem Swissair-Erzfeind Lufthansa zusammenarbeitete und 1997 formell Mitglied der Star-Allianz wurde) still und leise auf. Die «Global-Excellence»-Partnerschaft (mit Delta und Singapore Airlines) bestand zwar auf dem Papier vorerst noch weiter, entbehrte jedoch weitgehend der Substanz und wurde selbst in der Swissair-Werbung weitgehend totgeschwiegen.

Auch die folgenden Jahre standen für die Swissair in Fragen der Allianzpolitik unter keinem glücklichen Stern. 1999 verabschiedete sich Delta in Richtung Air France (mit der sie heute den Kern der Allianz «Sky-Team» bildet), 2000 trat Singapore Airlines aus der «Global-Excellence»-Gruppe aus, um sich der Star-Allianz anzuschließen, und im selben Jahr trat auch noch AUA in die Star-Allianz ein. Doch schon Ende 1993 stand die Swissair in Tat und Wahrheit allein da, verlassen von den potenziellen Partnern, gescheitert an einem Übermaß an Selbstsicherheit. Der frühere Musterknabe war durch eigenes Verschulden zum Außenseiter geworden.

5. Personalwechsel ganz oben

Otto Loepfe und seine Geschäftsleitung waren offensichtlich nicht in der Lage, das Unternehmen durch die schwierige Zeit nach 1990 zu führen. Erstens waren die Umstände an sich schlecht – der Krieg um Kuwait im Jahre 1991 hatte den Luftverkehr weltweit in seine tiefste Krise seit dem Zweiten Weltkrieg gestürzt –, und andererseits war die innere Verfassung der Swissair vornehmlich von Intrigen statt von vertrauensvoller Zusammenarbeit geprägt. Das zeigte sich zum Beispiel Anfang 1992, als eine für drei Tage vorgesehene Klausur der Swissair-Spitze bei Halbzeit endete, weil die Herren nur in einem Punkt Übereinstimmung erzielen konnten: in der Feststellung, dass kein konstruktives Gespräch möglich sei. Also zogen sie vorzeitig von dannen und ließen die Frage (einmal mehr) offen, wie es denn mit der Swissair und ihren damals 19 000 Mitarbeitern weitergehen solle.

«Wir stehen zur Swissair und glauben an ihren Erfolg, heute, morgen und übermorgen …», verkündete darauf, angeblich ohne Zutun der Geschäftsleitung, eine Aktion «Swissairler mit Herz» in ganzseitigen Zeitungsinseraten. Nicht ohne Grund: Monat für Monat schlingerte Helvetiens Prestigeträger Nummer eins mehr, und bald einmal kam nicht einmal mehr ihr Chef darum herum, höchstselbst den desolaten Zustand einzugestehen. Die Swissair müsse «aufholen», meinte Otto Loepfe, und zwar «nicht nur und ganz massiv bei den Zahlen, sondern genauso bei unserem Dienstleistungs- und Kundenverständnis». Gleicher Meinung war die Investmentbank Oppenheim Pierson, nur hielt sie auch ein neues Management für nötig. Vor allem brauche die Swissair, schrieb die Bank in einer Analyse, «eine entscheidende Ressource, die ihr heute wirklich fehlt: charismatische Führung».

Mehrere Befunde, eine Richtung und massenweise Widersprüche: Wie sollte eine Airline aus ihrem «momentan ganz schwierigen Wellental» (Loepfe) herauskommen, wenn eben derselbe Loepfe sich genötigt sah, vor versammeltem Personal die mangelnde Solidarität in seiner eigenen Geschäftsleitung zu beklagen und öffentlich zu fordern, dass Führungsentscheidungen «ohne Wenn und Aber, ohne Rücksicht auf die eigene Position um- und durchgesetzt werden» müssten? Wie sollte man eine Swissair-Geschäftsleitung beurteilen, die zwar mehrheitlich für die Umstrukturierung des Unternehmens zu einer Holding eintrat, deren Chef aber entsprechende Diskussionen – wohl aus Angst vor Machtverlust – beharrlich abblockte?

Loepfe hatte Recht: «Was wir jetzt brauchen, ist neben Effizienz vor allem Stabilität.» Aber das war nicht alles. Beizufügen wären noch: Motivation, Weitsicht, Entschlossenheit.

Eine entscheidende Wende nahm das Schicksal der Swissair, als auf der Generalversammlung im April 1992 der Chemiker Hannes Goetz als Nachfolger von Armin Baltensweiler Präsident des Verwaltungsrates wurde. Der Entscheid war im Jahr zuvor auf Drängen von Rainer E. Gut zustande gekommen, der als CEO der Schweizerischen Kreditanstalt (heute Credit Suisse) im Ausschuss des Swissair-Verwaltungsrates die Rolle des starken Mannes spielte.

Gut und Goetz erkannten richtig, dass fundamentale Änderungen in der Swissair unumgänglich waren und dass dazu sowohl personelle wie strukturelle Maßnahmen gehörten. Sie hatten jedoch nicht die Energie, die Änderungen umgehend durchzusetzen.

Der Marktanteil sinkt

Anlass dazu hätte sehr wohl bestanden. Zwischen 1991 und 1996 sank der totale Marktanteil der Swissair in der Schweiz von 37,4 Prozent auf 29,2 Prozent. 1996 wählten von allen ab der Schweiz fliegenden Business-Class-Fluggästen 44 Prozent die Swissair, von den zahlenmäßig dominierenden Economy-Passagieren nur 23 Prozent. Die Netto-Ertragsmarge der Swissair belief sich in jenem Jahr auf 0,4 Prozent, bei der Lufthansa waren es 1,6 Prozent und bei der holländischen KLM gar 5,1 Prozent. Bei Swissair und Lufthansa produzierte jeder Angestellte im Durchschnitt 200000 Tonnenkilometer Transportleistung pro Jahr, bei der KLM 250000 Tonnenkilometer – das sind 25 Prozent mehr!

Der Rückgang des auf die Swissair entfallenden Verkehrsanteils war umso schmerzlicher, als die Airline im Frühling 1993 im Europaverkehr die Erste Klasse abschaffte und dafür – wie die meisten Konkurrenten – eine Businessklasse einführte. Die Umstellung kostete allein für den Einbau der neuen Sitze neun Millionen Franken, vom Werbeaufwand nicht zu reden. Dadurch stieg zwar der Prozentsatz der belegten Business-Class-Sitze im Vergleich zu jenen der früheren First Class an, aber in Passagierkilometern ausgedrückt verlor die Swissair auf ihrem Europanetz anno 1993 nicht nur 90 Prozent des Erstklassaufkommens (was geplant war), sondern darüber hinaus noch sechs Prozent der Business-Classproduktion. Stellt man in Rechnung, dass die «umsteigenden» Erstklasspassagiere eigentlich schon bei gleich bleibender Gesamtproduktion einen Anstieg des Business-Class-Volumens hätten bewirken müssen, so ist die Bilanz noch schlechter. Und abermals düsterer wird sie, wenn man sich noch vergegenwärtigt, dass die ganze Entwicklung in eine Zeit fiel, in der das mit sehr großem Erfolg eben neu lancierte Bonusprogramm «Qualiflyer» eigentlich die Stellung der Swissair im Markt hätte stärken sollen.

Die neue Businessklasse war das eine, der allgemeine Zustand des Unternehmens das andere. Zum ersten Mal seit langer Zeit arbeitete die

Swissair 1993 nach einem Budget, welches einen Jahresverlust vorsah. Strategische Visionen fehlten, und inhaltliche Leere wurde durch Wortschwälle übertüncht (etwa durch die von Otto Loepfe immer wieder aufgestellte Behauptung, das Scheitern von Alcazar sei nicht ein Misserfolg gewesen, sondern habe der Swissair ihre Stärke vor Augen geführt). Die Anstrengungen, das immer noch prohibitiv hohe Lohnkostenniveau der Swissair (fast 40 Prozent der Gesamtkosten, weit mehr als bei jedem direkten Konkurrenten) herunterzudrücken, wurden vollständig eingestellt. Gemäß Budget 1994 sollten die Lohnkosten nahezu gleich stark ansteigen wie die Gesamtkosten, nämlich um 3,1 Prozent bei einem Gesamtkostenanstieg um 3,88 Prozent. «Es herrscht allgemeine Resignation», befand denn auch kurz und bündig ein Mitglied der Geschäftsleitung.

Doch der Verwaltungsrat blieb weiter untätig, obwohl Otto Loepfe die Swissair bis dahin acht Jahre lang hatte vergammeln lassen, drei Jahre davon unter wohlwollender Duldung duch Hannes Goetz. Statt gehandelt wurde geredet: Bis zu vier Arbeitsgruppen pflegten gleichzeitig ein und dasselbe Problem zu «lösen», aber niemand nachher die Empfehlungen in die Tat umzusetzen. Dreimal wurde die ganze Firma mit riesigem Aufwand reorganisiert, immer ohne Wirkung. Goetz fand das alles prima und ließ Loepfe gewähren. Wenns kritisch wurde, konnte sich Loepfe allemal auf die Hilfe seines Freundes Rainer E. Gut verlassen, gegen dessen Willen der Verwaltungsrat nichts unternehmen konnte. Loepfe pflegte sich dafür zu bedanken, indem er, seinerseits Mitglied des Kreditanstalt-Verwaltungsrats, seinen «Götti Rainer» stützte.

Dann trat Gut im Frühling 1995 aus dem Swissair-Verwaltungsrat zurück, und plötzlich hatten auch andere Mitglieder etwas zu sagen. Drei von ihnen handelten: Thomas Schmidheiny, Lukas Mühlemann (dieser freilich seinerseits von Gut an der kurzen Leine gehalten) und Bénédict Hentsch. Ende 1995 veranstalteten sie einen «Staatsstreich». Loepfe wurde abgesetzt und VR-Präsident Goetz kaltgestellt – natürlich nur faktisch, nicht offiziell. Formell entlassen wurde Loepfe erst auf den 1. Januar 1997.

Nach außen hin genossen beide noch ihren Posten, die schönen Büros und den vollen Lohn. Aber zu sagen hatten sie nichts mehr, auch wenn vor allem Loepfe dies lange nicht zu verstehen schien. «Eine tragische Situation», meinte ein Loepfe-Mitarbeiter, «etwa so, wie seinerzeit Haile Selassie in Äthiopien, der noch jahrelang in seinem Palast lebte und nicht realisierte, dass er als Kaiser längst abgesetzt war».

Bruggisser kommt

Ab Januar 1996 gab in der Swissair Philippe Bruggisser offiziell, wenn auch unter Loepfe als Konzernleiter, den Ton an, umgeben von einer loyalen Truppe alter Kameraden, mit denen er zuvor die Swissair-Tochtergesellschaft SBAG (Swissair Beteiligungen AG; Hotels, Bordverpflegung, Zollfreiläden und mehr) zum erfolgreichsten Glied im Swissair-Konzern gemacht hatte. Bruggisser war das pure Gegenteil von Loepfe: Krampfer, nicht Schwätzer und entscheidungsfreudig, nicht zaudernd. Er nannte die Dinge beim Namen, auch wenn sie unbequem waren. Sitzungen setzte er auch schon mal auf 6.30 Uhr an oder auf 20 Uhr. Und von seinen Mitarbeitern erwartete er nicht Debatten, sondern Taten. Von großen Auftritten und prestigeträchtigen Ämtern hielt Bruggisser wenig, von zielgerichteten und konsequent durchgezogenen Entscheiden viel. So rang er sich bereits 1996 zum längst überfälligen Schritt durch, die Zahl der ab Genf ausgeführten Langstreckenflüge drastisch zu reduzieren, nämlich auf einen täglichen Flug nach New York. Die Proteste aus der Französisch sprechenden Schweiz nahm er zur Kenntnis, ließ sich durch sie jedoch nicht beirren.

Günstige Voraussetzungen für eine rasche Gesundung der Swissair, müsste man meinen. Doch es sollte nicht sein. Intern begegnete Bruggisser dem entschlossenen Widerstand der alten Garde. Im mittleren und höheren Kader spielten sich gehässige Intrigen ab, wie sie unvermeidlich sind, wenn eine alte Hackordnung aufgehoben und eine neue erst aufgebaut wird. Manch einer reiste in jenem Sommer nicht in die Ferien, aus purer Angst, dass nach seiner Rückkehr seine Position geschwächt sein könnte. Insider diagnostizierten einen Stress, der «nicht nur die Kreativität fördert, sondern auch das Herzinfarkt-Risiko».

Und dann gab es gewaltige äußere Probleme. Der Konkurrenzkampf unter den Fluggesellschaften verschärfte sich ungebremst, und eine Airline, die dermaßen hohe Löhne zahlen musste wie die Swissair, war in dieser Situation naturgemäß im Nachteil. Durchschnittlich musste sie 11,2 Rappen auslegen, um einen Passagiersitz – egal, ob besetzt oder leer – über einen Kilometer zu fliegen. Um konkurrenzfähig zu sein, hätte dieser Wert neun Rappen auf keinen Fall übersteigen dürfen. Anders gesagt: Die Swissair musste ihre Kosten innert kürzester Zeit um 20 Prozent herunterdrücken! Rein rechnerisch hätte dies einen Personal- oder Lohnabbau um 60 Prozent bedeutet …

Es war also fünf vor zwölf für die Swissair – bestenfalls. Und es stellte sich die Frage, wie es weitergehen sollte.

Aufschlussreich ist ein Interview, das Bruggisser kurz nach seinem Amtsantritt 1995 der Zeitung «Züri Woche» gab und das hier in Auszügen wiedergegeben ist:

> Frage: *Ist die Swissair in fünf Jahren noch eine unabhängige Fluggesellschaft?*
> Bruggisser: *Das hängt von vielen Faktoren ab. Zum Beispiel von der Entwicklung in Europa. Dann aber auch von der Frage, ob es uns in Zukunft gelingen wird, mit Fliegen Geld zu verdienen.*
> Frage: *Die Swissair könnte aber auch zur Europa-Zubringergesellschaft beispielsweise für Singapore Airlines mutieren.*
> Bruggisser: *Das halte ich für weniger wahrscheinlich. Aber wir könnten uns zum Beispiel auf das beschränken, was für uns profitabel und für die Schweizer Wirtschaft unbedingt nötig ist. Das wäre dann viel weniger als*

heute. Die Frage wird sich auch deshalb stellen, weil in absehbarer Zeit Riesen-Jumbos für tausend Passagiere kommen werden. Es ist ganz einfach unmöglich, von Zürich aus jeden Tag mit einem Tausendplätzer irgendwohin zu fliegen. Das könnte zu massiven Einschränkungen zwingen, die Schweizer müssten dann halt über London, Frankfurt, Amsterdam oder Paris nach Asien reisen.

Frage: *Wie sicher sind unter diesem Gesichtspunkt die verbliebenen Arbeitsplätze bei der Swissair?*

Bruggisser: *Nichts ist sicher auf dieser Welt. Vor kurzem fragten mich Gewerkschafter, wann es denn mit dem Stellenabbau zu Ende sei. Ich musste antworten, dass ich es nicht weiß. Aber das gilt für alle, nicht nur für die Swissair. Schauen Sie nur die Banken an, die chemische Industrie und so weiter. Aber solche Probleme gab es auch früher. Schon mein Großvater sagte, er sei froh, nicht mehr jung zu sein.*

Aus heutiger Sicht müssen seine Aussagen als geradezu visionär erscheinen. Umso erstaunlicher ist es, dass es ausgerechnet dieser Philippe Bruggisser war, der die Fluggesellschaft später durch eine völlig unrealistische Expansion Richtung Untergang steuerte.

Seine ersten Entscheide waren freilich, wie auch die Zurückstufung des Flughafens Genf, folgerichtig und vernünftig. Er verpasste der Swissair eine Holdingstruktur. Unglücklich war deren Name: Bis heute ist umstritten, wie «SAirGroup» richtig auszusprechen ist («Ess-Air», sagen die Werbefachleute; «Sair», meint ein großer Teil des Publikums). Richtig war jedoch die dahinter steckende Idee: Die verschiedenen Teilbereiche sollten nicht mehr lediglich Zudiener der Swissair sein, sondern (mehr oder weniger) eigenständige Unternehmen mit Ergebnisverantwortung.

260 Gesellschaften

Nur verlor Bruggisser leider schon bald nach seinem Amtsantritt jeglichen Sinn für realistische Proportionen. Seine Holding explodierte förmlich und präsentierte sich beim Zusammenbruch der SAirGroup im Jahre 2001 als ein Labyrinth von ungefähr 260 ineinander verschachtelten Konzern- und Beteiligungsgesellschaften.

Die Unmöglichkeit, dieses Gebilde hauptsächlich in Bezug auf die internen Geldflüsse noch zu überblicken, war einer der wichtigsten Gründe für den Kollaps der Gruppe. Dazu kam, dass die unternehmerische Fragmentierung nicht nur das Ziel der betriebswirtschaftlichen Transparenz verfehlte, sondern auch zu Kostensteigerungen führte.

Ein Beispiel: In der früheren Struktur gehörte die Flugzeugwerft in Zürich zur Swissair, welche auch all ihre Rechnungen bezahlte. Jetzt kaufte die in SR Technics umbenannte Werft die Ersatzteile selbst ein und verrechnete sie dann der Swissair mit dem branchenüblichen Aufschlag von rund 40 Prozent.

Von der hemmungslosen Akquisition ausländischer Fluggesellschaften, dem wohl entscheidenden Fehler in Bruggissers Strategie, wird noch die Rede sein. Doch auch intern hielt sich Bruggisser in keiner Weise an die Grundsätze von Seriosität und Vorsicht, wie er sie in seiner früheren Position als Controller der Swissair noch verfochten hatte. Er regierte das Unternehmen als Alleinherrscher und schlug sachkundige Einwände der ihm unterstellten Fachleute regelmäßig in den Wind. Sein autokratischer Stil verfestigte sich zunehmend, ohne dass der Verwaltungsrat eingriff oder auch nur kritische Fragen stellte. 1999 war die Entwicklung so weit fortgeschritten, dass im Swissair-Management (das in Wirklichkeit im Wesentlichen zu einer reinen Verwaltung degradiert war) das Wort von der «Viererbande» die Runde machte. In Wirklichkeit hätten, so die Saga, in der SAirGroup nur vier Personen etwas zu entscheiden sowie Zugang zu allen Informationen: Philippe Bruggisser, dessen Sekretärin, Finanzchef Georges Schorderet sowie die Kommunikationschefin Beatrice Tschanz. Alle anderen seien reine Zudiener.

Wäre Bruggisser nicht bereits kurz nach seinem Amtsantritt als Swissair-Chef buchstäblich außer Kontrolle geraten, das Unternehmen hätte möglicherweise gerettet werden können. So jedoch gab es weder ein Management, das eine realistische Politik verfolgte, noch einen Verwaltungsrat, der gegen den zunehmend drastischeren Amoklauf Einspruch erhoben hätte.

6. Ein Kolonialreich wird besichtigt

Den ersten großen Fehltritt hatte Bruggisser freilich noch nicht selbst zu verantworten, im Gegenteil: er hatte sogar gegen ihn gekämpft. Es geht um die Swissair-Beteiligung an der belgischen Fluggesellschaft Sabena im Mai 1995.

Sabena: Option auf die Pleite

Für 240 Millionen Schweizer Franken hatten Hannes Goetz und Otto Loepfe 49,5 Prozent der Sabena-Aktien gekauft. Weitere 20 Millionen wurden in stimmrechtslose Partizipationsscheine investiert und noch einmal 160 Millionen der belgischen Staatsholding SFI (Société fédérale d'Investissement) als Darlehen gewährt, auf dass diese jene 37,5 Prozent der Sabena-Aktien zurückkaufen könne, welche zu dem Zeitpunkt in den Händen der Air France lagen. Die Swissair besaß nun also etwas weniger als die Hälfte der größten belgischen Airline. Und das sollte nur der Anfang sein. Denn zwischen den Jahren 2000 und 2007, so die Pläne in jenen Tagen, sollten die Schweizer ihren Anteil um weitere 12,75 Prozent erhöhen. Sollte die «Ehe» dagegen schief gehen, so hätte Belgien im Rahmen einer so genannten Call-Option die Möglichkeit gehabt, die von der Swissair erworbenen Aktien wieder zurückzukaufen. (Im Januar 2001, als die SAirGroup bereits dem Untergang entgegenflog, wurde eine Vertragsänderung besiegelt. Belgien hatte nun keine Call-Option mehr, sondern eine Put-Option. Diese ermöglichte es dem Staat, zusätzliche 35,5 Prozent zum fixen Preis von 3,3 Prozent der SAirGroup-Aktien an die Swissair zu veräußern. Damit hätten die Schweizer die Sabena zu 85 Prozent, praktisch also vollständig, unter Kontrolle gehabt, sobald die rechtlichen Voraussetzungen im Verhältnis der Schweiz zur EU dies erlaubt hätten.)

Ziel der Transaktion von 1995 war es, «die Geschäftsbasis beider Unternehmen zu stärken, den Zugang der Swissair zum europäischen Markt zu erleichtern und für die Sabena neue Wachstumschancen zu schaffen». So verkündte es jedenfalls die offizielle Pressemitteilung. Euphoriker gerieten ins Schwärmen. Der heutige Unternehmensberater René Lüchinger, damals noch Journalist, schrieb im Magazin «Facts»: «Die Sabena sollte irgendwann zu hundert Prozent der Swissair gehören, als Teil eines internationalen, global tätigen Flugunternehmens.» Ins gleiche Horn blies Swissair-Verwaltungsratspräsident Goetz, als er an der Medienkonferenz in Brüssel sagte, die getroffenen Vereinbarungen seien «erste Pläne des Gebäudes unserer geplanten Allianz». Auf die Frage einer Journalistin an Swissair-Chef Loepfe: «Gibt es überhaupt etwas, das Sie nicht erreicht haben?», antwortete dieser: «Es ist tatsächlich wenig.» Andere Reaktionen waren dagegen kritischer; die NZZ setzte über ihren Kommentar den Titel «Torschlusspanik?» und sprach von einer «engen und gewagten Partnerschaft» zwischen den beiden Problem-Airlines.

Das traf ins Schwarze. Der Sabena-Deal war eine eigentliche Panikreaktion im Gefolge des Scheiterns von Alcazar einerseits und der Ablehnung des Schweizer Beitritts zum Europäischen Wirtschaftsraum (EWR) in der Volksabstimmung vom 6. Dezember 1992 andererseits. Goetz und Loepfe sahen die Swissair in die verkehrspolitische Isolation abgleiten und glaubten, dieser Gefahr durch den Aufbau einer starken Präsenz in Brüssel entgegenwirken zu können.

Dabei übersahen sie jedoch zweierlei. Erstens war die Sabena schon damals eine chronisch defizitäre Unternehmung ohne realistische Zukunftsperspektiven. Seit ihrer Gründung im Jahre 1923 hatte sie nur gerade in einem einzigen Jahr einen Gewinn erwirtschaftet. Das war 1958, als in

Brüssel die große Weltausstellung stattfand. Später kam dann noch das Jahr 1998 mit einem positiven Abschluss hinzu. Dieser war jedoch genau genommen getürkt, denn er kam nur dadurch zustande, dass die Fluggesellschaft praktisch ihre ganze Flotte an Leasinggesellschaften verkaufte und den dadurch entstehenden Buchgewinn als Betriebsgewinn deklarierte.

Die zweite Fehleinschätzung bestand darin, dass Goetz und Loepfe der Meinung waren, in Brüssel lasse sich ein großes Verkehrsdrehkreuz (Hub) aufbauen. Richtig daran war lediglich, dass der Flughafen von Brüssel damals erhebliche Kapazitätsreserven aufwies. Als Umsteigeflughafen attraktiv war Brüssel jedoch nie. Der Beweis war schon 1995 dadurch erbracht, dass keine der großen EU-Fluggesellschaften dort einen Hub aufbaute, obwohl sie es nach erfolgter Liberalisierung des EU-internen Luftverkehrs ja hätten tun können.

Im Rückblick bekommt jener hohe belgische Staatsbeamte Recht, der noch im Jahre 1995 hinter vorgehaltener Hand warnte: «Man kann in Belgien ebenso wenig erfolgreich eine Fluggesellschaft betreiben, wie man in der Schweiz erfolgreich einen Hochseehafen betreiben kann.» Die Gründe sind erstens das zu kleine Verkehrspotenzial des Brüsseler Flughafens, zweitens die in Belgien extrem hohen Lohn-Nebenkosten, drittens die militanten Gewerkschaften und viertens die chronischen Streitereien zwischen den beiden Volksgruppen des Landes.

Es dauerte denn auch nicht lange, bis sich die Swissair in den Fängen der belgischen Realität verfing.

Betroffen hiervon waren jedoch weitgehend neue Swissair-Manager, eben Philippe Bruggisser und Freunde. Anfang 1966 überraschte die Swissair nämlich die Öffentlichkeit mit einer Pressemitteilung, deren Titel lautete: «Nachfolge von Otto Loepfe gelöst». Gemeint war: Loepfe war als Topmanager nun in aller Form abgesetzt und Bruggisser der neue Chief Operating Officer der Swissair.

Jetzt war also der Mann an der Macht, der sich zuvor als Einziger in der

Geschäftsleitung gegen den Einstieg bei der Sabena gesträubt hatte. Prompt versuchte Bruggisser den Deal rückgängig zu machen. Er scheiterte jedoch am so genannten Zürcher Finanzfilz (vereinfacht definiert an der Schweizerischen Kreditanstalt, heute Credit Suisse, der Freisinnig-demokratischen Partei des Kantons Zürich, der Zürcher Offiziersgesellschaft und der «Neuen Zürcher Zeitung»), der im Verwaltungsrat vor allem durch Lukas Mühlemann repräsentiert wurde. Wie jeder wusste, war Mühlemann in Wirklichkeit nur der Statthalter seines Vorgängers Rainer E. Gut. Gut hatte bereits Goetz in die Swissair gebracht, er hatte Bruggissers Aufstieg orchestriert, und er sollte im Verein mit dem Zürcher Finanzfilz auch später – bis zum Abschluss dieses Textes im November 2001 – immer jene graue Eminenz bleiben, gegen deren Willen in der Schweizer Luftfahrt nichts geschieht.

So änderte Bruggisser seine Taktik um 180 Grad und verfolgte von Stund an – und mit dem Wohlwollen des Swissair-Verwaltungsrates – eine rücksichtslose Expansionspolitik. Sie bestand im Wesentlichen aus zwei Elementen. Einerseits sollten durch die Anstellung ausländischer Spitzenmanager – vor allem des Amerikaners Jeffrey Katz als Chef der Swissair-Fluggesellschaft sowie der beiden ehemaligen British-Airways-Manager Ray Lyons und Lee Shave – die alten Swissair-Seilschaften zerschlagen oder zumindest durcheinander gerüttelt werden. Ferner wollte Bruggisser die Swissair zum Zentrum eines riesigen Verbunds von Fluggesellschaften machen, der im europäischen Luftverkehr gemeinsam mindestens den vierten, besser aber den dritten Platz einnehmen sollte. Ein Angebot der eben im Entstehen begriffenen Oneworld-Allianz (rund um British Airways, American Airlines, Iberia und andere) zur Aufnahme der Swissair als Gründungsmitglied schlug er deshalb ab; Bruggisser wollte der Chef sein, nicht eines von mehreren (und erst noch eines der kleineren) Mitglieder im Führungsausschuss einer globalen Allianz.

Bei all diesen Entscheiden, sowohl bei den personellen wie bei den strategischen, agierte Bruggisser in der gewohnten Weise autokratisch. So wurde beispielsweise die Konzernleitung über die Ernennung von Jeffrey Katz vorweg nicht informiert, geschweige denn konsultiert. Bruggisser konnte sich diesen Managementstil leisten, weil er sich der kritiklosen Unterstützung des Verwaltungsrates sicher sein konnte und alle potenziellen internen «Mitdenker» mundtot gemacht hatte. Der Verwaltungsrat seinerseits pflegte Bruggissers Entscheide kaum zu hinterfragen, ja oft nicht einmal zu diskutieren, und daran sollte sich auch im Lauf der Zeit nichts ändern.

Die schon damals – nicht zuletzt von Bruggisser selber – als extrem riskant erkannte und im Rückblick selbstmörderische Strategie war, wie so mancher zweifelhafte Entscheid der folgenden Jahre, vom Beratungsunternehmen McKinsey entworfen und von Bruggisser mit kritiklosem Enthusiasmus übernommen worden. Ihr Codename: Hunter, oder zu Deutsch: Jäger.

Die Hunter-Strategie

Nun entfaltet schon der Codename eine eigene Logik: Jäger wollen etwas jagen. Bruggisser kaufte in der Folge buchstäblich alles zusammen, was zu haben war. Genauer: alles mit einer Ausnahme, wie er gegenüber dem Verfasser einmal bestätigte. Die Ausnahme war die griechische Fluggesellschaft Olympic Airways. Ansonsten jedoch versuchte er überall seine Hand auf europäische Airlines jeder Größe und jeden Ansehens zu legen. Die irische Aer Lingus wollte er ebenso kaufen (beziehungsweise die gesetzlich maximal möglichen 49,9 Prozent davon) wie die tschechische CSA oder die ungarische Malév. In diesen Fällen blieb Bruggisser freilich erfolglos. Dagegen unterschrieb er in Frankreich Verträge für die drei Airlines AOM, Air Liberté und Air Littoral, in Deutschland für die Chartergesellschaft LTU, in Italien für die Fluggesellschaften Volaré und Air Europe, in Portugal wollte er sich sowohl an der Staats-Airline TAP Air

Portugal wie an deren privater Konkurrenz Portugalia beteiligen (Letzteres wurde dann allerdings von der EU vereitelt), in Polen stieg er bei der LOT ein, in der Ukraine bei der kleinen Ukraine International, in Luxemburg bei der Frachtgesellschaft Cargolux und in Südafrika bei den South African Airlines. Später sollte auch Turkish Airlines dazustoßen, doch misslang dieser Coup. Dazu kam eine Unzahl weiterer Beteiligungen in den so genannten flugverwandten Branchen Catering, Informatik, Technik, Detailhandel, Finanzen, Gastgewerbe und vieles mehr.

In all diesen Fällen beschränkte sich die Tätigkeit des angeblich so hochkarätigen Verwaltungsrats auf bloßes Kopfnicken. Einige seiner Mitglieder waren dafür bekannt, oft zu spät zu den Sitzungen zu erscheinen, zu früh wieder zu verschwinden und dazwischen unter anderem auch die persönliche Post zu erledigen. Der Kauf der Air Littoral, immerhin ein Geschäft im Umfang von einer runden Viertelmilliarde Schweizer Franken, wurde im Jahre 1999 nach der Aussage eines Verwaltungsratsmitglieds innerhalb von etwa zehn Minuten diskutiert und beschlossen – Bruggissers Präsentation inklusive.

Die finanzielle Ausgangslage für diese undisziplinierte Einkaufstour war gut, denn in der Branche galt die Swissair, wie bereits erläutert, noch Mitte der neunziger Jahre zu Recht als «fliegende Bank». Die Akquisitionen hatten – aus Bruggissers Sicht – auch den Vorteil, dass sie die Bilanzsumme der SAirGroup schlagartig und gewaltig ansteigen ließen. So konnte er Jahr für Jahr steigende Umsätze vermelden und dank zunehmend akrobatischer anmutenden Geldverschiebungen zwischen den immer zahlreicheren SAir-Beteiligungs- und Tochtergesellschaften auch ansehnliche «Gewinne».

Die Börse dankte es ihm, und das war für den ehemaligen Controller und begnadeten Finanzmann Bruggisser das Entscheidende. Strategische Überlegungen interessierten ihn weniger als kurzfristige – aus seiner Sicht wiederum durchaus zu Recht, denn die Börse interessiert sich logischerweise eher für die nächsten sechs bis maximal zwölf Monate als für die nächsten zehn Jahre. So ist es nicht erstaunlich, dass Bruggisser dem Verfasser gegenüber noch im September 1999, als die SAirGroup objektiv gesehen längst im unkontrollierten Sturzflug war, seine Strategie mit der Entwicklung der Börsenkurse zu rechtfertigen versuchte. Er verglich die SAir-Aktie (deren Kurs zwar am Sinken war, aber viel weniger stark als der Börsenindex) mit jener des einstigen Swissair-Partners Finnair, welche nach dem Beitritt zur Oneworld-Allianz einen eigentlichen Crash erlebt hatte. Heute freilich ist das SAir-Papier wertlos, während die Finnair eine der wenigen europäischen Fluggesellschaften ist, die noch mit Gewinn arbeiten.

Um die von der Finanzwelt gewünschten Erfolgszahlen präsentieren zu können, musste Bruggisser aber die Macht haben, frei über die im SAir-Imperium fließenden Geldströme zu entscheiden. So gestaltete er die SAirGroup mitsamt ihren Beteiligungen auch organisatorisch nach dem Muster der alten Kolonialreiche. Die Swissair war dabei das «Mutterland», und die «Kolonien», zumal die außerhalb der Schweiz gelegenen Töchter, hatten allein die Aufgabe, den Reichtum der Zentrale zu mehren. Zwecks besserer Koordination fasste er die an den Konzern gebundenen Linien-Fluggesellschaften in der so genannten «Qualiflyer Group» zusammen und verkündete das Ziel, mit dieser Gruppe auf der Basis eines gesamteuropäischen Multihub-Systems innert kürzester Zeit einen Anteil von 15 bis 18 Prozent am europäischen Luftverkehr zu bestreiten. Nach außen trat die Qualiflyer Group folgerichtig mit dem Anspruch auf, ein ebenbürtiges (nein: ein überlegenes) Gegenstück zu den in Bildung begriffenen Allianzen Star Alliance, Oneworld und (später) SkyTeam zu sein. Das aber war eine massive Beschönigung. Jäger wollen etwas jagen, und dass der Gejagte danach ein gleichberechtigter Partner ist, ist im Plan nicht vorgesehen: Während die vorgenannten Allianzen tatsächlich Bündnisse mit dem Ziel des allseitigen Nutzens sind, war die Qualiflyer-Gruppe nie mehr als ein Kolonialsystem mit letztlich ausbeuterischen Zügen.

Am Beispiel der verschiedenen Fluggesellschaften im SAir-Reich wird dies zu belegen sein. Vorweg nur so viel zur generellen Kolonialstrategie Bruggissers: Die Methode bestand darin, die ausländischen Beteiligungsgesellschaften durch eine große Zahl von (anfänglich vorteilhaften) strategischen Kooperationsverträgen langfristig und möglichst fest an schweizerische SAir-Konzerngesellschaften zu binden und dadurch Schritt für Schritt ihrer autonomen Handlungsfähigkeit zu berauben. Typischerweise «half» zum Beispiel die SAir-Flugzeugleasingfirma Flightlease bei der Beschaffung neuer Flugzeuge, die SAir-Informatikfirma Atraxis bei der Modernisierung von Computersystemen oder die SAir-Firma Swissport bei der Verbesserung der Bodendienste. Dadurch kamen die ausländischen «Partner» zwar anfänglichen in den Genuss günstiger Konditionen und fortgeschrittenen Know-hows, begaben sich aber gleichzeitig in eine langfristige und mehr oder weniger unkündbare Abhängigkeit von den Schweizern.

In einzelnen Fällen griffen die jeweiligen Regierungen ein und verhinderten die letzten Schritte. So gelang es Bruggisser nicht, wie beabsichtigt eine Kapitalbeteiligung an den Turkish Airlines zu erwerben. Auch in Portugal gab es starke Widerstände gehen die Kolonialherren aus der Schweiz, wodurch sich letztlich die geplante Kapitalbeteiligung zerschlug. In den anderen Fällen fehlte es dagegen entweder am hinreichenden Widerstand – oder der Leidensdruck der meist am Rand des Ruins stehenden Fluggesellschaften war bereits dermaßen groß, dass sie zu jeder Konzession bereit waren.

Damit ist ein weiteres Charakteristikum von Bruggissers Expansionspolitik angesprochen. Keine einzige der von der SAirGroup vereinnahmten oder «angelächelten» Fluggesellschaften galt als erste Adresse. Kein Wunder, denn die «guten Partien» waren längst Mitglied oder doch zumindest zugewandte Orte einer der großen Allianzen. Selbst die bisherigen «guten» Swissair-Partner sprangen ja ausnahmslos ab, sobald sie es sich leisten konnten: Finnair, SAS, Singapore Airlines, Austrian Airlines, Delta Airlines – alles hervorragende Fluggesellschaften, die einst mit der

Swissair zusammenarbeiteten und dann zu Konkurrenten wurden. (AUA verließ die Swissair im Jahre 1999, nachdem Goetz und Bruggisser hinter dem Rücken der Österreicher ihre Beteiligung an der AUA von 10 auf 18 Prozent erhöhen wollten, um ihre Kontrolle zu verstärken.) Übrig blieben für Bruggisser unter diesen Umständen nur noch die Spieler aus der zweiten und der dritten Liga.

Der große Irrtum des Managers bestand in der Annahme, aus einer großen Zahl solcher Partner eine gute Fußballmannschaft zusammenstellen zu können. Jeder Trainer eines regionalen Fußballvereins hätte ihm sagen können, dass so etwas nie funktionieren kann …

Die Ausgangslage beim Sabena-Einkauf

Um die panikartige Expansion der Swissair ab 1995 richtig verstehen zu können, muss man sich der wirklich schlechten Situation bewusst sein, in der sich das Unternehmen bereits in jener Zeit befand. Wer es wissen wollte, konnte die Warnzeichen schon damals erkennen und die auch aus heutiger Sicht richtigen Schlüsse ziehen. Nur wollten es leider die wenigsten wahr haben …

Die Swissair driftete nämlich bereits im ersten Halbjahr 1995 massiv «südwärts», Richtung Abgrund. In diesem Zeitraum verlor sie im Flugbetrieb bereits um die 200 Millionen Franken, das sind 31 Millionen mehr als in der ersten Hälfte des Vorjahres und etwa gleich viel wie im ganzen Jahr 1994. Das Reinergebnis der Swissair AG für die Monate Januar bis Juni 1995 belief sich auf minus 90 Millionen Franken bei einem budgetierten Defizit von «nur» 50 Millionen; das Budget wurde somit um volle 80 Prozent verfehlt! Betrachtet man den Konzern als Ganzes (also inklusive die Ertragsperlen Crossair AG und Swissair Beteiligungen AG), so kam man immer noch auf ein Defizit von rund 70 Millionen für die erste Jahreshälfte.

Gegenüber der Vergleichsperiode 1994 hatten sich fast alle Kennzahlen verschlechtert. Die Kosten waren zwar um drei Prozent gesunken, die Einnahmen dagegen um fünf Prozent. Die Nutzschwelle, das heißt der für ein ausgeglichenes Ergebnis erforderliche Auslastungsgrad der Flugzeuge, hatte sich von 72,4 Prozent im Jahre 1994 auf 75,7 Prozent erhöht – ein Wert, der mit den damals verfügbaren Steuerungsinstrumenten in der Praxis so gut wie unerreichbar war. (Heute ermöglichen bessere Computerprogramme einen höheren durchschnittlichen Auslastungsgrad.)

Noch schlimmer wurde das Bild, wenn man die kurzfristigen Trends betrachtete. Es waren nämlich vor allem die letzten Monate des ersten Halbjahres 1995, welche einen eigentlichen Sturzflug brachten. Der April endete mit einem Defizit von 18 Millionen (April 1994: minus sechs Millionen), der Mai mit einem solchen von 17 Millionen Franken. Im Juni wurden zwar die budgetierten Kosten um drei Prozent unterschritten, gleichzeitig aber die veranschlagten Einnahmen um acht Prozent verfehlt. Anders gesagt: Vom erwarteten Geschäft fiel der zwölfte Teil ins Wasser!

Leider erhellte sich das Bild nicht, wenn man die wenigen Gewinnquellen näher einbezog. Innerhalb der Swissair AG waren es vor allem die Geschäftsbereiche Bodendienste (später Swissport; plus 40 Millionen im ersten Halbjahr 1995) und Informatik (später Atraxis; plus 30 Millionen), welche das Unternehmen vor dem totalen Absturz bewahrten. Beide operierten jedoch in weitgehend geschützten Märkten. Die Bodendienste genossen in Genf und Basel das – inzwischen gefallene – Abfertigungsmonopol, die Informatik durfte sich des Status eines De-facto-Alleinlieferanten der Swissair erfreuen.

Kurz: Der Swissair liefen die Kunden davon; ihre Businessklasse (in Wirklichkeit eine leicht «heruntergekochte» erste Klasse, die zu billig verkauft wurde) war ein Flop, und mit pompösen, hochnäsigen Marktauftritten zielte sie am Publikum vorbei. Und wer ihr noch die Treue hielt, wurde durch ständigen Serviceabbau vergrault.

Doch die bedrohliche Schieflage wurde von der Swissair nur in so verschleierter Form nach außen kommuniziert, weil man glaubte, das Aushängeschild der Schweizer Wirtschaft erstrahle immer noch in höchstem Glanz.

Solche Desinformation war nicht neu, denn die Swissair war schon immer stark, wenn es darum ging, schlechte Resultate zu beschönigen und die Aktionäre ruhig zu halten. Das Jahr 1994 schloss sie, obwohl es tief defizitär endete, offiziell mit einem nach Aussage eines Insiders «gerade noch legal herbeigemurksten» Minigewinn ab. Monatsresultate publizierte sie nur in Form von Passagier- und Auslastungsziffern, jegliche Aussage über das finanzielle Ergebnis sorgfältig vermeidend. Typisch war das Verhalten der Personalzeitschrift «Swissair-News». Das katastrophale Ergebnis des Monats Juli wurde dort unter dem Titel «Fracht im Steigflug» beschönigt – über die desolaten finanziellen Resultate des Unternehmens war kein Wort zu finden.

Und so gut wie niemand störte sich daran. Einzig die «Weltwoche» schrieb: «Erstaunlich ist die Passivität, mit der bisher der Verwaltungsrat dem Niedergang seines Unternehmens zugeschaut hat. Zwar ist bekannt, dass einzelne Mitglieder des Gremiums die Alarmglocke ziehen möchten, aber offensichtlich vermögen sie (noch?) nicht durchzudringen. Wie lange noch?»

Das war, wie gesagt, im Sommer 1995. Und das war die Ausgangslage, in der sich das Swissair-Management anschickte, den Untergang seines Unternehmens einzuleiten. Mit offenen Augen, grob fahrlässig, wider besseres Wissen.

Reutlingers Kolonie

«Such A Bad Experience Never Again», witzelte man in der Branche schon seit Jahrzehnten über die belgische Sabena. Das musste ab 1995 auch die SAirGroup erfahren. Mit dem Einstieg bei der belgischen Staats-Airline beging das damalige Swissair-Management einen der größten strategischen Fehler in der Geschichte des Unternehmens. Fairerweise muss noch einmal erwähnt werden, dass Philippe Bruggisser gegen diesen Entscheid anfänglich opponiert hatte. Später verteidigte er ihn jedoch mit Verve und wiederholte das Verhaltensmuster in mehreren anderen Fällen.

Die Anfänge des Sabena-Debakels sind weiter oben dargestellt worden. Sie waren begleitet von einer groß zur Schau getragenen Euphorie: Jetzt sei, so der Tenor der Protagonisten, die Swissair endgültig auf dem Weg nach oben. Zwar kränkele die neu erworbene Braut noch ein wenig, aber das werde sich rasch ändern, denn die Substanz sei hervorragend und das Team Swissair/Sabena/AUA/Delta unschlagbar.

Positiv war der Deal sicher für die amerikanische Swissair-Partnerin Delta. Sie hatte den Schweizern seit längerem signalisiert, dass ihr Interesse am Flughafen Zürich am Erlahmen sei. Mit der Sabena betrieb sie bereits ein Codeshare (Flüge unter gemeinsamer Flugnummer) auf zwei Transatlantikstrecken, und fragte man damals bei Delta nach bestehenden Zusammenarbeitsverträgen mit anderen Airlines, so wurden dabei die britische Virgin Atlantic und die belgische Sabena meist vor der Swissair genannt. Für die Delta waren Frankfurt (in Eigenregie), Brüssel (mit Sabena) und London (damals zum Teil mit Virgin) wichtig, nicht das kleine Heidiland. So hatten die Amerikaner nichts gegen die Annäherung der Swissair an die Sabena einzuwenden, im Gegenteil.

Dies galt umso mehr, als die Schweizer das ganze Risiko trugen. Und dieses sollte sich schon bald bemerkbar machen. Bereits im Jahre 1996 erlebte die belgische Fluggesellschaft einen eigentlichen finanziellen Crash. Bruggisser sah sich genötigt, das ganze in Belgien investierte Kapital auf einen Franken abzuschreiben. Otto Loepfe als einer der Hauptschuldigen für das Debakel wurde aufs Abstellgleis manövriert und dann, wie bereits beschrieben, auf Anfang 1997 entmachtet.

Gleichzeitig sandte Bruggisser als neuen starken Mann den ehemaligen Swissair-Marketingchef Paul Reutlinger als Statthalter nach Brüssel, um Ordnung in das Chaos zu bringen. Bruggisser hatte dazu allen Grund, denn Reutlinger war zuvor im Kampf um die Swissair-Spitzenposition sein schärfster Rivale gewesen. Bruggissers Interesse, den soeben besiegten Gegner auch physisch auf Distanz zu halten, musste umso größer sein, als dieser – ganz im Unterschied zum spröden und pressescheuen Bruggisser – bei den Medien sehr gut ankam. Maßgebend dafür war seine joviale und gewinnende Persönlichkeit, wobei ihn seine damalige Lebenspartnerin, eine PR-Fachfrau mit besten Beziehungen zum Schweizer Fernsehen, noch kräftig unterstützte.

Nach außen hin verkaufte Reutlinger seine Versetzung nach Brüssel als großen persönlichen Triumph. In Wirklichkeit war es, wie Swissair-intern gespöttelt wurde, eher «so wie in den Zeiten der französischen Kolonialherrschaft, als missliebige Generäle nach Algerien versetzt wurden, um sich dort mit renitenten Kabylen herumzuschlagen».

Tatsächlich musste sich Reutlinger in Brüssel wie in der Kabylei fühlen. Es herrschten Chaos, Streiks und rote Zahlen. Und Reutlinger tat, was auch Bruggisser an seiner Stelle getan hätte: Er trimmte die Sabena hemmungslos auf ungebremstes Wachstum und auf völlige Kontrolle durch die Swissair. Die Europaflotte wurde vom Typ Boeing 737 auf die auch von der Swissair eingeführte Airbus A320 umgestellt und massiv vergrößert – wobei die der Sabena gehörenden Boeings verkauft und die Airbusse von der SAirGroup-Tochter Flightlease gemietet wurden. Der Verkehr wuchs sprunghaft an (die Sabena belegte in der Rangliste der am schnellsten wachsenden Fluggesellschaften den ersten Platz), vor allem wegen extrem tiefer Anschlusstarife für einen Großteil der Sabena-Passagiere. Zwischen 1995 und 2000 stieg die Zahl der Fluggäste von 5,001 Millionen auf 10,934 Millionen, mithin innerhalb von fünf Jahren um 119 Prozent. Das aus diesem verheerend schnellen Wachstum resultierende Betriebsdefizit wurde durch den Gewinn aus den Flugzeugverkäufen übertüncht. So ließ sich im Geschäftsjahr 1998 erstmals seit 1958 wieder ein positives Resultat ausweisen: rund 30 Millionen Schweizer Franken bei einem gegenüber 1997 um 21 Prozent angestiegenen Umsatz.

Für Paul Reutlinger war dies der Höhepunkt seiner Karriere. Der Zürcher «Tages-Anzeiger» lobte seinen «spektakulären Turnaround» und lieh dem Manager fast eine ganze Interview-Seite für ausgiebiges Selbstlob. Auszüge: «Als ich 1996 die Sabena-Führung übernahm, war die Lage chaotisch. (...) Als erste Maßnahme habe ich den Dialog mit den Gewerkschaften und Personalverbänden aufgenommen, um das Vertrauen wieder herzustellen.» Und bezüglich der Zukunft: «In erster Linie wollen wir beweisen, dass das 1998 erreichte Gewinnniveau ‹sustainable› ist, dass wir letztes Jahr also eine nachhaltige Trendwende geschafft haben.» Doch süße Früchte faulen rasch, und so blieb es denn für Reutlingers Sabena bei dem einen Gewinnjahr.

Um den weiteren Gang der Dinge richtig einordnen zu können, müssen wir an dieser Stelle einen kurzen Abstecher in die Schweiz des Jahres 1998 machen. Dort geriet, nach außen hin immer noch sorgfältig kaschiert, die Lage mehr und mehr außer Kontrolle. Im Zuge von Bruggissers Fragmentierungspolitik (immer mehr Holding-Tochtergesellschaften mit engem Tätigkeitsfeld) war die einst als integrale Fluggesellschaft strukturierte Swissair weitgehend zu einer Marketinghülle reduziert worden. Sie besaß praktisch keine Flugzeuge mehr (Eigentümerin war die Flightlease, eine Schwestergesellschaft), sie war mangels eines eigenen technischen Betriebs nicht einmal zur Vornahme eines Ölwechsels fähig (das machte die SR Technics, eine weitere Schwester), bezog jedes Sandwich und jedes Bier von außen (von der Schwester Gate Gourmet) und verfügte über keinen einzigen PC mehr (diese gehörten der Atraxis). Zuständig war die Swissair nur gerade noch für den Einsatz der Flugzeuge sowie für Marketing, Verkauf, Produktmanagement und Netzwerkplanung.

Und nun sollte auch das noch abgespaltet werden; alle genannten Bereiche außer dem eigentlichen Flugbetrieb sollten zusammen mit den jeweiligen Gegenstücken der Sabena in eine neue Gesellschaft mit dem vorläufigen Codenamen Diamant eingebracht werden. Jeffrey Katz, nominell Swissair-Boss, praktisch aber zu jener Zeit schon weitgehend ohne Einfluss (er verließ das Unternehmen dann Mitte 2000), sollte nur noch Chef der in der Schweiz tätigen Piloten und Flugbegleiter sowie des mit ihnen beschäftigten Administrativpersonals sein, praktisch und nach allgemeinem Sprachgebrauch also Betriebsleiter.

Und so kam es. Aus Diamant wurde später eine Airline Management Company (AMC) und noch später die Airline Management Partnership (AMP) mit Sitz in London. Faktisch wurden dadurch sowohl die Sabena wie die Swissair als betriebsfähige Fluggesellschaften aufgelöst. Später hätten, so Bruggissers Absicht, auch die beiden noch verbliebenen Betriebsabteilungen integriert und die Airlines vollständig fusioniert werden sollen. Das Motiv für den schon damals, aber erst recht aus heutiger Sicht als Amoklauf erkennbaren Schritt war die Einsicht, dass Bruggissers hektische Vorwärtsstrategie am Scheitern war. Statt einen Schritt zurückzubuchstabieren, entschlossen sich der SAirGroup-Chef und sein nach wie vor tatenloser Verwaltungsrat, noch einen Gang höher zu schalten und erst recht in die falsche Richtung zu streben.

Richtig wäre für die Swissair und auch für die Sabena gewesen (und das war schon damals erkennbar), sich in jener Situation an das Team American Airlines/British Airways beziehungsweise an die damals im Entstehen begriffene Oneworld-Allianz anzunähern, allenfalls sogar unter teilweiser Aufgabe der eigenen Identität und Autonomie. Denn nur für diese Gruppe wäre die Swissair nach damaliger (wie heutiger) Beurteilung als Partnerin attraktiv gewesen, denn British Airways hätte ein durch Swissair und Sabena verbessertes Europa-Streckennetz recht gut gebrauchen können. Im Gegensatz dazu hatte die Swissair-Partnerin Delta ihre langfristige Europa-Strategie nie in erster Linie auf die Swissair fokussiert, sondern zunächst auf Sabena und Virgin Atlantic und später auf die Air France (deren Allianzpartnerin sie mittlerweile geworden ist).

Wichtiger als strategische Elemente dürften für die Flucht nach vorne aber machtpolitische Überlegungen gewesen sein. Reutlinger brauchte weitere «Erfolge», auch wenn sie nur vorgetäuscht waren. Und an der Heimatfront begann Bruggisser die Loyalität seiner Mannschaft zu verlieren. Grund dafür war sein zusehends mehr monarchistische Züge aufweisender Führungsstil. Die Berufung von Jeffrey Katz und der beiden Briten Lyons und Shave an die Spitze der Fluggesellschaft spielte sich ja, wie bereits dargelegt, auf geheimbündlerische Weise ohne jegliche Konsultation des Managements ab. Tatsächlich waren in der SAir-Gruppe zu jener Zeit zunehmend Merkmale chinesischer Geheimgesellschaften zu erkennen: straffe, aber im Detail undurchsichtige Strukturen und eingeschüchterte, immer mehr nur auf die Sicherung der eigenen Position bedachte Kaderleute, welche ihre Arbeit taten, ohne nach links und rechts zu blicken. So entstand ein Klima, das vielleicht dem Shareholder-Value förderlich war, nicht aber der Lebenstüchtigkeit eines so komplexen und diffizilen Organismus, wie eine Fluggesellschaft ihn verkörpert. Da wäre Motivation erforderlich, und zwar von der Spitze bis zur Basis.

Doch zurück zur Sabena. Mit ihr konnte es auf der Basis der eben beschriebenen Vorgänge in der Schweiz natürlich nicht gut gehen. Schon 1999 verzeichnete die Airline wieder einen Verlust in der gewohnten Größe von mehr als 20 Millionen Schweizer Franken, obwohl die Zahl der Passagiere gegenüber 1998 erneut um 13,9 Prozent angestiegen war. Allein der Aufbau der Airline Management Partnership kostete das Unternehmen in jenem Jahr 22 Millionen Franken (und die Schweizer dazu noch einmal etwa gleich viel). Die belgische Airline trudelte ganz offensichtlich, doch Reutlinger, immer noch deren Chef, schob die Verantwortung auf externe Faktoren wie den angestiegenen Treibstoffpreis und den hohen Dollarkurs ab. Eine Korrektur des nach wie vor halsbrecherischen Wachstumskurses lehnte er ab, obwohl die Konkurrentin British Airways (in einer viel weniger dramatischen Situation, notabene) genau das Gegenteil tat: Sie fokussierte sich vermehrt auf gut zahlende Geschäftskunden und ersetzte größere Flugzeuge durch kleinere. Mit Erfolg.

Wie es dagegen mit der Sabena weiterging, ist bekannt und braucht hier nur kurz rekapituliert zu werden. Im Juli 2000 wurde Reutlinger als Sabena-Chef durch Christoph Müller abgelöst und als Troubleshooter nach Frankreich gesandt. Im Februar 2001 konnten die Swissair und der belgische Staat den Zusammenbruch der Sabena nur durch den sofortigen Einschuss von 375 beziehungsweise 175 Millionen Schweizer Franken abwenden. Im Juli 2001 kaufte sich die Swissair dann aus der Verpflichtung zur späteren Übernahme der Sabena-Mehrheit heraus, indem sie in Raten 390 Millionen Schweizer Franken zu bezahlen, fünf Sabena-Airbusse zu übernehmen und auf die Hälfte des 1995 gewährten Darlehens (also auf 80 Millionen Schweizer Franken) zu verzichten versprach. Diese Abmachung wurde jedoch hinfällig, weil die Schweizer bereits die erste, am 1. Oktober 2001 fällige Tranche der Abschlagszahlung nicht mehr leisten konnten. Am 7. November 2001 deponierte die Sabena die Bilanz.

Damit ist die Geschichte aber noch nicht zu Ende. Der selbstsüchtige Umgang der Swissair mit der Sabena hat nämlich nicht nur in Belgien viele Ressentiments geweckt, sondern möglicherweise auch noch juristische Konsequenzen. Gemäß dem Entscheid der EU-Kommission durfte sich die Swissair 1995 nur unter der Bedingung an der Sabena beteiligen, dass die Autonomie der Gesellschaft intakt und ihre tatsächliche Kontrolle in belgischen Händen bleibe. Diese Auflagen hat die Swissair konsequent und in krasser Weise verletzt. Sie hat der Sabena ganze Unternehmensteile entzogen (zum Beispiel die Bodenabfertigung an einigen afrikanischen Bestimmungsorten, welche in die Swissport eingegliedert wurde, oder all die in die AMP integrierten Unternehmenszweige), sie hat ihr ein riesiges und letztlich schädigendes Flugzeug-Leasingpaket aufgezwungen, und sie hat die Sabena tatsächlich von der Schweiz aus in kolonialistischer Manier ferngesteuert. Sowohl Paul Reutlinger wie auch während langer Zeit sein Nachfolger Christoph Müller waren nämlich gemäß ihren Verträgen nicht Angestellte der Sabena, sondern der SAirGroup, mithin also nicht ihrem vorgeblichen Arbeitgeber Sabena verpflichtet, sondern der schweizerischen «Kolonialmacht». Es bleibt abzuwarten, welche rechtlichen Konsequenzen sich daraus allenfalls noch ergeben. Es ist nicht abzustreiten, dass im Trümmerfeld der belgischen Luftfahrt überall die Fingerabdrücke von Bruggisser und Reutlinger zu finden sind.

Frankreich: Mit Strohmann am Gesetz vorbei

Wie in Belgien, so verstrickte sich die SAirGroup auch in Frankreich in einem ausweglosen Gestrüpp von Beteiligungen und unvorteilhaften, leichtsinnig abgeschlossenen Verträgen. Dieser Prozess begann jedoch erst Anfang 1999, mithin ganz unzweifelhaft in der Ära Bruggisser/Goetz.

Der erste Fehltritt war der Einkauf in die Fluggesellschaft AOM. AOM (Air Outre-Mer Minerve SA) war eine Privatgesellschaft mit 27 vornehmlich alten Flugzeugen, vier Inlandlinien sowie elf interkontinentalen Destinationen und vorwiegend touristischem Verkehr. Dementsprechend war das Tarifniveau tief und die Ertragslage schlecht: AOM war, als die Swissair sich für sie interessierte, ein Defizitgeschäft mit negativem Bilanzwert. Einziges wesentliches Aktivum waren die Landebewilligungen (Slots) in Paris-Orly – auf einem Flughafen freilich, wo die Swissair gar nicht hinflog. Fachleute bewerteten die AOM, genau wie die Sabena, als nahezu hoffnungslosen Fall. Und sie fragten sich, wie Bruggisser dazu kommen konnte, den Kauf eines solchen Unternehmens (für immerhin rund 200 Millionen Schweizer Franken) oder nur schon die kommerzielle Zusammenarbeit mit ihm ernsthaft zu erwägen.

Doch im Februar 1999 verkündete die SAirGroup stolz, dass sie 49 Prozent der französischen Fluggesellschaft gekauft habe. 51 Prozent seien an die vom französischen Arbeitgeberpräsidenten Ernest-Antoine Seillière kontrollierte Investitionsgruppe Marine-Wendel gegangen, und zusammen bildeten die beiden Partner ein «Consortium de Réalisation». Die AOM werde, so die SAirGroup weiter, umgehend der Qualiflyer-Gruppe beitreten.

Gut neun Monate später folgte der nächste Streich: Bruggisser kaufte erneut in Frankreich ein, diesmal die kleine Regional-Airline Air Littoral. Auch hier hatte Seillière die Hände im Spiel: 18 Prozent des Kapitals übernahm seine Firma Taitbout Antibes, weitere 28 Prozent die Chartergesellschaft Euralair, 4,7 Prozent der Air-Littoral-Präsident Marc Dufour und den Rest, also rund 49 Prozent, die SAirGroup. Die Kosten dieser Beteiligung beliefen sich auf total 400 Millionen Schweizer Franken, wovon gut 62 Millionen auf die Übernahme von Schulden und etwa 88 Millionen auf Obligationen entfielen.

Für die Air Littoral bedeutete das Angebot der Schweizer die Rettung in letzter Sekunde. Die kleine Airline war am Rande des Zusammenbruchs und beispielsweise personell dermaßen schlecht ausgestattet, dass immer wieder Flüge wegen Pilotenmangels ausfallen mussten. Swissair-Chef Bruggisser und der SAirGroup-Verwaltungsrat ließen sich dadurch jedoch nicht beeindrucken, nahmen die Fakten vielleicht nicht einmal richtig zur Kenntnis, denn sonst hätten sie ja an der entscheidenden Verwaltungsratssitzung für das Traktandum mehr als zehn Minuten benötigt.

Und als ob es damit noch nicht genug gewesen wäre, kaufte die SAirGroup – wiederum mit Seillières Taitbout Antibes als Partner – im April 2000 auch noch die hoch defizitäre Regionalgesellschaft Air Liberté. Diese Gesellschaft gehörte bis dahin zu 83 Prozent British Airways, welche froh war, das Verlustloch (nur 90 Prozent der Ausgaben waren durch Einnahmen gedeckt) für den Spottpreis von 110 Millionen Schweizer Franken loszuwerden.

Prompt begann in der SAirGroup dieser Witz die Runde zu machen: Was unterscheidet Bruggisser vom Eisenplastiker Bernhard Luginbühl? Nichts, sagen die einen: Beide kaufen Schrott auf und versuchen daraus Kunstwerke zusammenzuschweißen. Richtig, doch gerade hier liegt der Unterschied, sagen die andern: Luginbühl gelingt dies, Bruggisser dagegen verbrennt sich jedes Mal die Finger, wenn er den Schweißbrenner in die Hand nimmt.

Die Fakten stützten die zweite Variante. AOM und Air Littoral ging es seit der Übernahme durch die SAirGroup noch schlechter als zuvor. Die AOM konnte ihre übersetzten Kosten nicht senken und erwirtschaftete weiter satte Defizite. Zudem mietete sie nach wie vor einen Teil ihrer Boeing-Flotte zu höheren als marktüblichen Preisen von einer Firma, welche von ihrem Generaldirektor kontrolliert wurde. Die kleinere Air Littoral genoss zwar eine günstige Kostenstruktur, musste jedoch als Folge ihrer Verbindung mit der Swissair die lukrative Zusammenarbeit mit der deutschen Lufthansa aufgeben. Stattdessen flog sie jetzt für die Schweizer vornehmlich auf Routen ohne hinreichende Verkehrsnachfrage und somit auch ohne ausreichende Erträge.

Und nun hatte Bruggisser das «Duo Deficitale» durch die Air Liberté zum Trio erweitert. Damit beherrschte er nun im westlichen Nachbarland so gut wie alles, was nicht unter der Kontrolle der mächtigen Air France stand. Das heißt: Fast alles, was Verlust brachte. Allein die Air Liberté hatte 1999 gut 100 Millionen Schweizer Franken verloren, acht Prozent des Umsatzes. Erheblich mehr als eine halbe Milliarde Schweizer Franken hatte die SAirGroup insgesamt für den Kauf der drei maroden Fluggesellschaften aufgewendet.

Gemäß einem Bericht der NZZ sollte die SAirGroup «bald mit klarerem Frankreich-Geschäft» als effiziente Konkurrenz zur Air France auftreten – eine gediegene Umschreibung des Tatbestands, dass die Situation völlig unklar war. Ein Symptom für das Chaos war die Tatsache, dass sich AOM-Chef Alexandre Couvelaire kurz nach dem Kauf der Air Liberté bereits auch als deren Boss gebärdete, obwohl gleichzeitig der schweizerische Headhunter Björn Johansson in Bruggissers Auftrag europaweit einen neuen Chef suchte (erfolglos, wie sich später zeigen sollte).

Nach Bruggissers Absichten sollten AOM, Air Littoral und Air Liberté rasch operationell zusammengeführt und später unter einem neuen Namen auch formell vereinigt werden. Im Falle von AOM und Air Liberté gelang dies mit Ach und Krach, nachdem im Juli 2000 der vormalige Sabena-Chef Paul Reutlinger als Swissair-Statthalter nach Paris zog. Er schaffte es jedoch nicht, die Gewerkschaften der beiden Airlines von der Notwendigkeit zu überzeugen, die überhöhten Saläre auf das Niveau der Air Littoral zu senken. Erschwerend war ferner, dass sich die Tätigkeitsgebiete der drei Airlines zum Teil überschnitten. AOM und Air Liberté konkurrierten sich auf Langstrecken nach den französischen Überseeterritorien Guadeloupe, Martinique und Réunion sowie auf einigen Inlandlinien. Air Littoral und Air Liberté betrieben je einen Unterhaltsbetrieb für den Flugzeugtyp Fokker 70/100. Wie schwierig in Frankreich Rationalisierungsmaßnahmen der von Reutlinger angestrebten Art sein können, zeigte bereits die Erfahrung von British Airways, der vormaligen Besitzerin der Air Liberté. Sie hatte die (schon) damals konkursite Airline 1996/97 mit der Konkurrentin TAT fusioniert – doch die Sache hatte keinen einzigen Tag lang funktioniert, sodass die Briten, mittlerweile von wichtigeren Sorgen im eigenen Hause geplagt, den Laden nun entnervt an die Schweizer verscherbelten.

Dass sich für den Kauf außer der SAirGroup beziehungsweise ihren französischen Mittelsmännern niemand interessierte (die Air France bot anfänglich mit, war jedoch wegen der einschränkenden Wettbewerbsbestimmungen der EU nie ein ernsthafter Kandidat), zeigte deutlich, wie das Unternehmen in Fachkreisen allgemein eingeschätzt wurde.

Bei der SAirGroup pflegte man als Rechtfertigung für die Investitionen gerne auf die Slots hinzuweisen, also auf die Startbewilligungen, welche die drei Airlines auf dem Pariser Flughafen Orly (dort waren es 30 Prozent aller Slots) sowie in Nizza besaßen. Tatsächlich hätten diese, falls die drei vereint aufgetreten wären, die Basis für eine gute Marktstellung sein können. Die Erfahrungen der folgenden Monate sollten jedoch zeigen, dass die Skeptiker Recht hatten: Reutlingers Versuche, die Betriebe zu sanieren, blieben ohne jede Wirkung.

Bruggissers französische Akquisition war schon im Zeitpunkt ihrer Realisation als weiterer Schritt auf einer zunehmend hektischen Flucht nach vorn erkennbar. Marc Dufour, Generaldirektor der Air Littoral, reichte deshalb umgehend seinen Rücktritt ein. Die Zahlen bestätigten ihn alsbald: 1999 machten die drei französischen SAir-Töchter (von denen AOM und Air Liberté später fusioniert wurden) zusammen einen Verlust von 180 Millionen Schweizer Franken, im Jahr 2000 waren es bereits 625 Millionen. Und wie zuvor in Belgien, so hatten sich die SAir-Manager auch in Frankreich durch unbedachte, ja grob fahrlässige (weil unkündbare) Verträge jeden vernünftigen Rückzug selbst verbaut. Ihr Partner Ernest-Antoine Seillière hatte sich Put-Optionen gesichert und dadurch das Recht, der SAirGroup im April 2004 (also nach dem mutmaßlichen Inkrafttreten der bilateralen Verträge zwischen der EU und der Schweiz) auch noch seine restlichen gut 51 Prozent der Aktien zu verkaufen – für 440 Millionen Schweizer Franken. Das brachte ihn übrigens in rechtliche und politische Schwierigkeiten, weil er sich damit selbst als Strohmann der Schweizer entlarvte – keine gute Visitenkarte für den Präsidenten des französischen Arbeitgeberverbandes ...

Das Ende von Bruggissers Frankreich-Abenteuer lässt sich analog zum Ende der Sabena in geraffter Form beschreiben. Anfang Februar 2001 trat Paul Reutlinger als Chef von AOM/Air Liberté zurück. An seine Stelle trat der ehemalige, dann aber von der SAirGroup entlassene Air-Liberté-Chef Marc Rochet. Nach verschiedenen, zum Teil von Streiks begleiteten Auseinandersetzungen und nachdem Seillière sich geweigert hatte, sich an einer Rettungsaktion für AOM/Air Liberté zu beteiligen, ging das Unternehmen Mitte Juni 2001 in den Konkurs. Zwei Wochen später übernahm der vormalige Air-Littoral-Direktor Dufour gegen eine nahrhafte Abfindung alle Aktien «seines» Unternehmens. Die AOM/Air Liberté ihrerseits wurde in der Folge von einer Finanzgruppe unter der Führung des Piloten Jean-Charles Corbet übernommen und in verkleinerter Form als Air Lib neu lanciert. Ende Juli 2001 war somit das Frankreich-Abenteuer der Swissair definitiv zu Ende.

LTU: Alle Verluste für die SAirGroup

Im Zuge von Philippe Bruggissers Hunter-Strategie durfte natürlich auch ein Vorstoß nach Deutschland nicht fehlen. Wer wie die SAirGroup jener Zeit in Europa unter den ersten drei oder vier Luftverkehrsgruppen sein will, muss zwingend auch im Heimatland der traditionell stärksten Swissair-Konkurrentin Lufthansa ein Standbein haben.

Im November 1998 war es so weit: Die SAirGroup kaufte für zwei Milliarden Mark 49,9 Prozent der deutschen Ferienfluggesellschaft LTU. Weitere 40 Prozent hielt der deutsche Detailhandelskonzern Rewe.

Die LTU setzte zu jener Zeit 29 moderne Jets ein, drei davon bei ihrer spanischen Tochter LTE. Sie war die führende deutsche Fluggesellschaft außerhalb der Lufthansa-Gruppe und besonders wegen ihrer zahlreichen Landerechte (Slots) auf dem Flughafen Düsseldorf wertvoll. Das Geschäft mit der SAirGroup war die Folge enger Kontakte, die sich seit 1997 aus dem Verkauf von vier MD-11-Langstreckenflugzeugen der LTU an die Swissair ergeben hatten.

Aber die Medaille hatte noch eine Kehrseite; Bruggisser erkannte sie nicht beziehungsweise zu spät, weil er in diesem Fall wie wiederholt auch vorher und nachher auf eine genaue Prüfung verzichtete. Schnelles Handeln war ihm wichtiger als seriöse Abklärung. Eine sorgfältige Analyse hätte nämlich gezeigt, dass die LTU in Wirklichkeit hoch defizitär und im Hinblick auf die Zukunft annähernd chancenlos war. Und wie auch zuvor in Belgien und später in Frankreich begab sich die SAirGroup ohne jeden Zwang in die Falle von Knebelverträgen, welche ihre Geschäftspartner einseitig bevorzugten. Bei der LTU ging es darum, dass sich Bruggisser in blindem Vertrauen auf die Genialität seiner Entscheidung unwiderruflich verpflichtete, sämtliche bis Ende 2005 anfallenden Verluste der LTU allein zu tragen und dafür bis zu diesem Zeitpunkt auch alle allfälligen Gewinne behalten zu dürfen; er war offensichtlich davon überzeugt, dass Letztere alsbald reichlich sprudeln würden. Dazu akzeptierte er, wie in ähnlicher

Weise auch in anderen Fällen, eine per Ende 2005 vollziehbare Put-Option zu Gunsten der deutschen Aktionäre für 40,1 Prozent des Kapitals im Wert von 171 Millionen Franken.

Die SAirGroup zappelte also auch in diesem Fall ohne die Möglichkeit eines Entweichens an der Angel und konnte nur hoffen, dass ein gütiges Schicksal die Dinge noch rechtzeitig zum Guten wenden würde.

Dem war jedoch nicht so. Obwohl die SAirGroup im März 1999 das LTU-Management auswechselte, wurde die rote Farbe der LTU-Flugzeuge alsbald zum Symbol für das Blut, welches die Unternehmung Tag für Tag vergoss. Zunächst ließ sich die desolate Lage noch etwas kaschieren; Ende 1999 verkaufte die Gesellschaft kurzfristig ihre elf Boeing 757 an die Firema Unicapital, um sie sogleich zurückzuleasen und durch den Erlös die Bilanz aufzubessern. Später wirkte dieser Trick jedoch nicht mehr, und so beliefen sich die Verluste im Jahre 2000 auf 350 Millionen Franken, ohne dass eine Trendwende abzusehen gewesen wäre.

2001 verschlimmerte sich die Lage dann dramatisch; allein in den ersten vier Monaten des Jahres summierte sich ein Verlust von 190 Millionen Schweizer Franken. Wiederholt musste die Unternehmensleitung Insolvenzgerüchte dementieren – mit abnehmendem Erfolg. Anfang Juli war dann klar, dass das Unternehmen nur durch eine Soforthilfe in der Größenordnung von gegen einer halben Milliarde Franken würde überleben können. Es folgte zunächst ein politisch lautes Hin und Her, dann die Illiquidität der SAirGroup und schließlich Mitte November ein Hilfepaket, bestehend aus einem Zuschuss des Aktionärs Rewe und einer Bürgschaft des deutschen Bundeslandes Nordrhein-Westfalen. Bei Niederschrift dieser Zeilen flog die LTU noch. Aber für wie lange, war unklar.

Italien, Portugal, Polen: Weitere Schadenplätze in Europa

Natürlich zog es Philippe Bruggisser in seinem ungebremsten Kaufrausch auch gen Süden. Italien ist für ausländische Airline-Investoren relativ interessant, weil die halbstaatliche Alitalia immer noch ein Musterbeispiel für Ineffizienz und daher ein leichtes Ziel für Konkurrenten ist. British Airways und Lufthansa machen es vor; beide sind enge Kooperationen mit lokalen Airlines eingegangen und erhalten so wertvollen Zubringerverkehr für ihre Umsteigeflughäfen. In München strömen jeweils rechtzeitig zu den Abflügen der Lufthansa-Langstreckenjets zahlreiche kleine Maschinen der Air Dolomiti aus allen Ecken der (vornehmlich nord-)italienischen Provinz zusammen.

Ein erster Versuch der SAirGroup, sich als Financier der kleinen italienischen Privatgesellschaft AirOne in Italien zu etablieren, schlug fehl. Das Unternehmen ließ sich zwar gerne durch ein schweizerisches Darlehen vor dem Untergang retten, wandte sich aber nach erfolgter Genesung der stärkeren Lufthansa zu und ist heute deren Partner. So kaufte sich Bruggisser 1998 mit 34 Prozent in die Chartergesellschaft Volare und im Mai 1999 mit 45 Prozent in deren Konkurrentin Air Europe ein. Beide Akquisitionen zusammen kosteten 154 Millionen Franken – und beide waren vom ersten Tag an so schlecht, dass die Investitionen bis Ende 2000 vollständig abgeschrieben werden mussten.

Inzwischen sind die beiden Airlines weitgehend zu einer einzigen verschmolzen und als solche (mit dem Namen Volare Group) immer noch in der Luft. Von einem positiven Geschäftsgang kann jedoch keine Rede sein, und ihre Zukunft ist ungewiss.

Pech hatte die SAirGroup auch in zwei anderen südlichen Ländern, nämlich in Portugal und in der Türkei. Ein Musterbeispiel für seine chaotische Art der Unternehmensführung präsentierte Philippe Bruggisser in Portugal. Dort stand die hoch defizitäre Staatsairline TAP Air Portugal im

Jahre 1998 kurz vor dem Bankrott. Zwei Unternehmen bemühten sich um einen Einstieg, die Air France und die SAirGroup. Anfang April 1998 entschied sich die Regierung in Lissabon für die Schweizer – vor allem aus Angst vor der Übermacht der Franzosen – und stimmte dem Antrag zu, für 119 Millionen Schweizer Franken vorerst 20 Prozent der Fluggesellschaft an die SAirGroup zu verkaufen und die Beteiligung später zu erhöhen. Daraus wurde zwar vorerst nichts, aber die TAP Air Portugal trat trotz der Verzögerung umgehend als Vollmitglied in die Qualiflyer-Gruppe ein, während die diplomatischen Verhandlungen weitergingen.

Ungeachtet dieser angeblich so engen Partnerschaft machte die SAirGroup im darauf folgenden Jahr auch der Air-Portugal-Konkurrentin Portugalia ein Kaufangebot. Bis dahin hatte die Portugalia gegen den Willen der Swissair mit der Crossair zusammengearbeitet und war am Markt als Konkurrentin des Gespanns Swissair/Air Portugal aufgetreten. Das sollte sich nun also ändern, und auf den 1. April 2000 sollte die neue Kooperation in Kraft treten. Doch ein wettbewerbspolitisch motivierter Einwand der EU (den man bei sorgfältiger Abklärung hätte vorher sehen können) verhinderte dieses Geschäft, sodass sich Bruggisser vermehrt wieder um den eigentlichen, inzwischen aber bereits recht verärgerten Partner Air Portugal bemühte. Im Februar 2000 einigten sich dann Portugals Regierung und die SAirGroup auf eine 34-Prozent-Beteiligung der Schweizer und auf einen Kaufpreis von 250 Millionen Franken.

Auch diese Vereinbarung kam aber nie zum Tragen. Grund für das Scheitern war angeblich das arrogante Auftreten der von der Swissair nach Lissabon geschickten Manager, die sich nach den Worten ihrer portugiesischen Kollegen «schon bei der Ankunft aufführten, als gehöre das Unternehmen ihnen». Die Missstimmung übertrug sich in der Folge auch auf das Luftfahrtministerium, sodass zwar die TAP Air Portugal weiterhin als Qualiflyer-Airline auftrat, der beabsichtigte Aktienverkauf jedoch still und leise in die Vergessenheit hinüberdämmerte.

Bei der ganzen Angelegenheit wurde nach außen hin immer konsequent verschwiegen, dass Mitte 2001 immer noch eine Zusage der italienischen Banco del Santo Spirito bestand, sich mit umgerechnet rund 160 Millionen Schweizer Franken an der Portugalia zu beteiligen – und dass diese Zusage durch eine Garantie der SAirGroup abgesichert war. Es ist also durchaus möglich, dass in der Causa Portugal das letzte Wort noch nicht gesprochen ist.

Ähnlich wie mit Portugal verhielt es sich in der Türkei. Anfang 1998 verkündete die Swissair die Aufnahme der Turkish Airlines in die Qualiflyer-Gruppe und eine bevorstehende Beteiligung der SAirGroup am Kapital der Gesellschaft. Philippe Bruggisser, der sich zu jenem Zeitpunkt in Fachkreisen bereits den Titel eines «Schrotthändlers» zugezogen hatte, verteidigte den Entschluss in einem Interview vehement: «Erstens liegt Turkish, objektiv gesehen, bezüglich Qualität im europäischen Durchschnitt. Ihr Business-Class-Sitz ist sogar besser als unserer. Zweitens wird ihr schlechtes Image geprägt vom Image des Landes, nicht von sachlichen Kriterien.»

Die Realität indessen strafte Bruggisser Lügen: Turkish wurde von den Fluggästen als unter Swissair-Flugnummern fliegende Airline nicht akzeptiert. Und was fast noch wichtiger ist: Die Türken selber taten überhaupt nichts, um in irgendeiner Weise den Eindruck zu erwecken, sie seien an der Swissair interessiert. Zu einer Kapitaltransaktion kam es nie, und noch im Sommer 2000 suchte man in der Abflughalle des Istanbuler Atatürk-Flughafens vergeblich nach einem Hinweis auf die Qualiflyer-Gruppe. Keine Anschrift, kein Kleber, nichts, auch auf und in den Flugzeugen fehlte das übliche Logo, und wer das Personal nach der (im Swissair-Flugplan angegebenen) Qualiflyer-Lounge fragte, erntete nur ungläubiges Kopfschütteln. Der Präsident von Turkish Airlines verhielt sich also völlig konform mit seiner Weigerung, an den regelmäßigen «Presidents' Meetings» der Qualiflyer-Gruppe teilzunehmen.

Womit wir bei einem weiteren peinlichen Airline-Problem der SAirGroup sind, bei der polnischen LOT. Diese 37,6-Prozent-Beteiligung war in der Bilanz 2000 noch mit 294 Millionen Franken aufgeführt, wovon 140 Millionen auf so genannten Goodwill entfielen. Sie galt gemäß offizieller Swissair-Lesart als unproblematisch, da die LOT Gewinn erwirtschafte.

Auch das war leider nur die halbe Wahrheit. Als die Swissair Ende 1999 ihre LOT-Aktien erwarb, gewann sie einen harten Konkurrenzkampf gegen British Airways, welche lange Zeit als aussichtsreicherer Bewerber gegolten hatten. Maßgebend für den Umschwung zu Gunsten der Schweizer war ein gemeinsamer Auftritt von Philippe Bruggisser und Paul Reutlinger, Letzterer damals noch Chef von Sabena. Die beiden versprachen den Polen, ihre Airline nach dem gleichen «erfolgreichen» Muster zu entwickeln wie die belgische Fluglinie, welche, wie bereits dargestellt, die Zahl der Passagiere innerhalb von fünf Jahren verdoppelte – bei gleichzeitigem finanziellem Sturzflug zwar, doch davon sagten die Schweizer nichts.

Die Polen ließen sich von diesen Versprechungen blenden und investierten nicht nur – mit Schweizer Hilfe – in neue Flugzeuge, sondern vor allem auch in ein neues Abfertigungsgebäude auf dem Warschauer Flughafen Okeçie, um diesen analog zu Brüssel zu einem großen Hub auszubauen. An diesen rund 800 Millionen Schweizer Franken beteiligten sich Bruggisser und Co. jedoch nicht. So war in Polen, dem vorübergehenden Aufblühen der LOT zum Trotz, das Desaster ebenfalls so gut wie vorprogrammiert. Es ist bei Niederschrift dieser Zeilen zwar noch nicht eingetreten, dürfte jedoch nach einhelliger Expertenmeinung aus einem finanziellen Kollaps der LOT bestehen und parallel dazu aus einem Katzenjammer der Regierung, die sich von der Swissair mit Recht über den Tisch gezogen fühlt.

Südafrika: Die große Show

Auch in Südafrika genießt der Name Swissair einen etwas angeschlagenen Ruf. Grund ist ein zweifelhaftes Engagement Bruggissers bei der nationalen Fluggesellschaft South African Airways (SAA).

Diese Fluggesellschaft arbeitete bis 1998 als reines Staatsunternehmen stark defizitär. Dann kaufte die Swissair für ungefähr 330 Millionen Franken 20 Prozent des SAA-Aktienkapitals. Interessant ist nun zweierlei: Erstens, dass die SAirGroup für einen Fünftel des Kapitals ungefähr drei Viertel dessen bezahlte, was die Unternehmung zu jenem Zeitpunkt als Ganzes wert war. Zweitens, dass die Schweizer die Berufung des Amerikaners T. Coleman Andrews 3rd als Chief Executive Officer zur Bedingung für ihr Engagement machten. Besagter Andrews, vormals Chef der US-Chartergesellschaft World Airways und in dieser Funktion bereits ein guter Kunde des Swissair-Unterhaltsbetriebes SR Technics, machte sich ab Juni 1998 sogleich daran, die SAA nach dem Vorbild Paul Reutlingers (Sabena) zu sanieren. Er ersetzte die Kurzstreckenflotte durch neue Boeings 737, welche – zufälligerweise? – über die zur SAirGroup gehörende Flightlease finanziert wurden. Sodann jagte er den Umsatz innert eines Jahres extrem nach oben und mit ihm den Börsenwert der Gesellschaft sowie den Wert der Aktien. Im April 2001 verschwand er dann vor Ablauf seines Vertrages schlagartig von der Bildfläche, unter Mitnahme von insgesamt 51 Millionen Schweizer Franken an Löhnen, Boni, Aktien und Abgangsentschädigungen. Das entspricht einem Entgelt von 1,45 Millionen Franken – pro Monat! Seit Andrews' Abgang kämpft nun auch die SAA mit jenen wirtschaftlichen Problemen, die sie vermutlich in Tat und Wahrheit auch während dessen Amtszeit hatte, aber gut versteckte. Die Frage, warum die SAirGroup ihren Einstieg bei der Airline damals so hoch bezahlte und warum sie partout Andrews als Chef wollte, ist noch immer unbeantwortet.

Zu diesen verschiedenen Airline-Beteiligungen hätten, wäre es nach Bruggisser und seinem arglosen Verwaltungsrat gegangen, noch weitere kommen sollen. So sollte ein Paket der Thai International erworben und die Gesellschaft dadurch aus der Star-Allianz herausgehebelt werden. Auch in Brasilien war eine Akquisition geplant, die sich jedoch ebenso wenig realisieren ließ.

Das Fazit

Bei alledem darf nicht vergessen werden, dass die SAirGroup nicht nur schlechte Beteiligungen an Fluggesellschaften zusammenkaufte. Mit 70 Prozent der Crossair-Aktien kontrollierte sie die bedeutendste Regional-Fluggesellschaft Europas (bezüglich der Anzahl Flugbewegungen die Nummer drei hinter British Airways und Lufthansa), und ganz diskret lieferte auch die hervorragende luxemburgische Fracht-Airline Cargolux seit 1997 immer einen Teil ihrer schönen Gewinne bei der 33,7-Prozent-Aktionärin SAirGroup ab.

Und auch unter den anderen Beteiligungsgesellschaften der SAirGroup sind – man mag es kaum glauben – neben Nieten auch ein paar Rosinen auszumachen. So vor allem der US-Bordverpflegungsbetrieb Dobbs, den die SAirGroup im Jahre 1999 für 1,17 Milliarden Franken zu 100 Prozent erwarb. Dobbs hatte einen hervorragenden Ruf ud machte die SAir-Tochter Gate Gourmet über Nacht zur weltweiten Nummer zwei der Branche mit Standorten in 32 Ländern. Auch Dynair, eine amerikanische Boden-Abfertigungsfirma (gleichfalls 1999 erworben), ergänzte das SAir-Unternehmen Swissport auf gute Weise; es ist heute in 24 Ländern vertreten. Diese und einige weitere gelungene Akquisitionen vermochten jedoch den verheerenden Schaden nicht wettzumachen, den Bruggisser durch seine unkontrollierte Kaufwut im Bereich der Fluggesellschaften anrichtete. Allein zwischen Januar und Juni 1999 gab er für Einkäufe 2,7 Milliarden Franken aus. Es war zum größten Teil verlorenes Geld.

Falsche Prioritäten

Insgesamt präsentiert sich der Zeitraum seit etwa 1980, ganz besonders markant aber seit den frühen neunziger Jahren, als eine Periode des konsequenten und geradezu systematisch anmutenden Missmanagements. Besonders krasse Fehler wurden seit etwa 1994 begangen, die extremsten dann in der Ära Bruggisser ab 1996. Letztere lassen deutlich ein Fundament immer wiederkehrender Denk- und Strukturfehler erkennen.

Denkfehler Nummer eins: Bruggisser glaubte den Nachteil des zu kleinen Heimmarktes und der fehlenden Unternehmensgröße durch Erfolge an der Finanzfront, insbesondere an der Börse, kompensieren zu können. Shareholder-Value war für ihn wichtiger als fundierte Leistung im traditionellen Sinn. So zielte er auf Marktanteile statt auf hohe Erträge, auf Expansion statt auf Konsolidierung. Sein Handeln reflektierte die Denkweise eines Spekulanten, nicht die eines Unternehmers.

Denkfehler Nummer zwei: Bruggisser setzte auf den Alleingang statt auf Kooperation. Die Swissair sollte zum Kernstück und zum Machtzentrum eines global mitbestimmenden Luftfahrtkonzerns werden. So baute er statt einer Allianz ein Kolonialsystem auf und steuerte auch anderweitig einen separatistischen Kurs. Die Swissair war beispielsweise die einzige wesentliche Fluggesellschaft, die sich nicht am gemeinsamen europäischen Internetreisebüro Opodo beteiligte und stattdessen mit dem Konkurrenzprodukt Beyoo einen eigenen Weg ging – einen Weg in den Bankrott, denn Beyoo war nach wenigen Monaten pleite.

Und der strukturelle Fehler: Der Swissair und später der SAirGroup fehlte ein Verwaltungsrat, der seine Aufgabe im Sinne des Gesetzes sowie der unternehmerischen Ethik wahrnahm. Das Gremium hätte wiederholt eingreifen müssen, aber es hat es nie getan.

7. Stühlerücken an der Spitze

Durch ihre verfehlte Beteiligungspolitik halste sich die SAirGroup eine enorme Schuldenlast auf. Kurz vor dem Untergang im Jahre 2001 waren es, Obligationen und andere «normale» Verbindlichkeiten eingerechnet, rund 17 Milliarden Franken. Allein die Zinsen hierfür bewegten sich in der Größenordnung von einer Million Franken pro Tag.

Dazu kam, dass das Unternehmen finanziell immer stärker ausblutete. Im ersten Halbjahr 2001 flossen fast 700 Millionen Franken in die Beteiligungen Sabena (Belgien) und AOM/Air Liberté (Frankreich), durchschnittlich also weitere 3,5 Millionen pro Tag. Damit ist die Liste indes noch lange nicht vollständig; weitere Beteiligungen bewirkten einen zusätzlichen Mittelabfluss, und auch in eigenen Hause gab es zahlreiche Löcher zu stopfen.

Man geht wohl kaum fehl in der Annahme, dass die Gruppe im ersten Halbjahr 2001 weit über fünf Millionen Franken täglich für Zinsen und Verlustdeckungen verdienen musste, ohne dadurch auch nur einen Franken Lohn bezahlen zu können. Das ist fast die Hälfte der während des gleichen Zeitraums weltweit ausbezahlten Lohnsumme!

Nun war das erste Halbjahr 2001 bereits stark von Anzeichen für den bevorstehenden Untergang geprägt und deshalb nicht repräsentativ für die vorangegangenen Jahre. Die SAirGroup versank aber seit Beginn ihrer hemmungslosen Akquisitionspolitik, spätestens jedoch seit 1997, ohne Zweifel immer tiefer im Morast.

Warum rannten Bruggisser und sein Verwaltungsrat, immerhin ausnahmslos Leute mit überdurchschnittlicher Schulbildung und großer

Management-Erfahrung, von Jahr zu Jahr hektischer in die Sackgasse? Am Schluss, ab 1999, mag es Panik gewesen sein, etwa wie beim glücklosen Spieler im Kasino, der nach immer größeren Verlusten schließlich keinen anderen Ausweg mehr sieht, als alles auf eine Zahl zu setzen.

1994 bis 1996 bestand zu Panik aber bestimmt noch kein Anlass, denn damals waren die Kassen noch voll. In jenen Jahren wurden jedoch die entscheidenden Weichen gestellt. Fragen wir uns also, welche Überlegungen dieser katastrophalen strategischen Fehlorientierung zugrunde gelegen haben könnten.

Neue Besen kehren gut?

Die Swissair war seit den achtziger Jahren erkennbar krank. Damals mauserte sie sich unter dem Zwang der äußeren Umstände von einer technisch orientierten zu einer nach den Gesetzen der Marktwirtschaft ausgerichteten Unternehmung. Äußeres Zeichen dieses Wandels war im Jahre 1988 die Ernennung von Otto Loepfe zum neuen Vorsitzenden der Geschäftsleitung. Loepfe und seine neue Mannschaft sollten die Swissair aus ihrer Selbstzufriedenheit wachrütteln, ihr durch eine Reorganisation eine neue, muskulösere Struktur verpassen, sie näher an die Kunden heranführen und mit neuer Dynamik, Kreativität, Motivation und Energie an die bevorstehenden großen Herausforderungen der neunziger Jahre herangehen.

«Ich traue mir das zu», sagte Loepfe im Oktober 1987 dem Wirtschafts-Magazin «Bilanz». Unter kräftigem Beizug externer Berater wurde die Firma nachhaltig umgekrempelt. Statt neun Linien-Hierarchiestufen gab es plötzlich nur noch deren sechs, in Stabsfunktionen statt sechs noch vier. Sämtliche Kaderleute verloren an einem Tag ihre bisherigen Titel und mussten sich fortan mit schlichten Funktionsbezeichnungen zufrieden geben («Mitglied der Geschäftsleitung» statt «Generaldirektor»). Und rund 1000 Personen, allesamt im dezimierten Kader, wurden aufgefordert, sich für ihre bisherige oder eine andere Stelle neu zu bewerben. 300 von ihnen wurden einem so genannten Assessment unterworfen, einem eigentlichen Bewerbungsverhör, und Dutzende mittels vorzeitiger Pensionierung über Bord gekippt.

Es entstand ein Jahre dauernder Grabenkrieg zwischen so genannten Gurus und Technos sowie ein gewaltiges Tohuwabohu. Für das neue Management war dies jedoch kein Alarmzeichen, im Gegenteil. Man schien die Regeln von Jack Welch, dem legendären CEO von General Motors, zu beachten, der dekretierte, ein neuer CEO müsse zu Beginn seiner Amtszeit das gesamte Unternehmen durchwirbeln, um festgefahrene Strukturen aufzulösen. Ein Mitglied der Geschäftsleitung bezeichnete die allgemeine Unruhe als Hinweis dafür, dass «an der richtigen Schraube gedreht» wurde. «Das System antwortet mit einer Reaktion, und das ist gut.»

Sieben Jahre und 83 Tage dauerte die Ära Loepfe genau. Es war eine Zeit des schleichenden Zerfalls. Führungsentscheide wurden immer wieder vertagt, dann halbherzig getroffen und sogleich wieder verwässert.

Arbeitsgruppen, oft mehrere zum gleichen Thema, bildeten sich, arbeiteten mehr gegen- als miteinander und lösten sich wieder auf. In der Direktion lähmten sich verschiedene Fraktionen durch gegenseitige Intrigen. Es wurden kosmetisch aufgeputzte Jahresabschlüsse präsentiert, Monatsergebnisse durch beschönigende Pressemitteilungen verfälscht und unbequeme Wahrheiten auf Teufel komm raus unter dem Deckel gehalten – wohl mit dem Ziel, ungeachtet des wirklichen Zustands des Unternehmens nach außen hin gut dazustehen.

Dann kam Philippe Bruggisser, und er fasste die Aufgabe, die Zahlen in Ordnung zu bringen, will heißen: die Swissair ökonomisch zu kurieren, auf dass sie längerfristig überlebensfähig sei. Dazu musste er zunächst das verbreitete Bewusstsein bekämpfen, die Swissair sei anderen Airlines a priori überlegen, einfach weil sie die Swissair war, und sodann einen nachhaltigen Reformprozess in Gang setzen. Bei der Swissair-Tochter SBAG (Swissair Beteiligungen AG) hatte er zuvor einen ähnlichen Umschwung geschafft. Die Firma war damals neben der Crossair eine der großen Ertragsstützen des Swissair-Konzerns.

Bruggissers Visionen kreisten um die «Zwei-Säulen-Strategie», um die Idee also, das heikle und bezüglich der Erträge sehr labile Luftverkehrsgeschäft durch umfangreiche Aktivitäten in flugverwandten Bereichen abzustützen. Weltweite Aktivitäten in Bereichen wie Catering, Bodenabfertigung, Technik, Informatik usw. setzten aber nach seiner Überzeugung eine starke Swissair voraus, denn nur wenn dieses Kernunternehmen weltweit bekannt sei, könnten auch seine Schwestergesellschaften gute Geschäfte tätigen.

Vier strategische Fehler

Da es für Bruggisser äußerst wichtig war, alle Geschäftstätigkeiten unter der eigenen Kontrolle zu halten, kam der Anschluss der Fluggesellschaft an eine von anderen beherrschte Allianz nicht in Frage. Deshalb kaufte er sich in all die anderen Fluggesellschaften ein. Mit ihnen wollte er die Swissair «füttern», auf dass diese ab Zürich ein weltweites und dichtes Streckennetz betreibe. Zürich sollte also ein riesiger Umsteigeflughafen (Hub) werden, mit dem Ziel, die Swissair zu einer global maßgebenden Airline zu machen.

Und dies wiederum sollte es den flugverwandten Konzerngesellschaften erleichtern, überall andere Airlines als Kunden zu gewinnen. Im Prinzip war diese Idee richtig, doch bei ihrer Umsetzung machten Bruggisser und sein Team vier systematische Fehler.

Erstens unterschätzten sie die Bedeutung des Heimmarktes für Größe und Lebensfähigkeit eines Hubs. Weil Transferpassagiere vor allem unter den in Europa herrschenden Marktbedingungen a priori schlechter zahlen als solche im Ziel- und Quellverkehr (also solche mit Ausgangs- oder Endpunkt der Reise am Hub), darf ihr Anteil nicht zu hoch sein; 30, allenfalls 40 Prozent gelten allgemein als Maximum. Bei der Swissair waren es in Zürich im Jahre 2000 rund 60 Prozent.

Zweitens erfordert ein solches Verkehrssystem eine ausgeklügelte Ertragssteuerung. Ihr Ziel ist es, die Passagiersitze eines jeden einzelnen Fluges dynamisch, das heißt im Vorfeld des Fluges von Tag zu Tag neu, in der Weise auf die zahlreichen Buchungs- beziehungsweise Preiskategorien aufzuteilen, dass der Flug im Zeitpunkt seiner Durchführung einerseits möglichst gut, andererseits aber auch mit einem möglichst hohen Anteil gut zahlender Fluggäste besetzt ist.

Da bei einem Hubsystem praktisch alle Flüge in komplexer Weise voneinander abhängen (jeder ist Zu- oder Abbringer von vielen anderen), ist dies nur mit extrem aufwendigen Computersystemen möglich. Die Swissair hat dies erst viel später als andere Fluggesellschaften erkannt und war deshalb bis etwa 1998 nicht in der Lage, die tatsächliche «innere Ökonomie» ihres Zürcher Hubs präzis zu analysieren und exakt zu steuern. Als sie es dann konnte, hatte das System bereits einen eigendynamischen Wachstumszwang entwickelt, der – zumal angesichts der langsam einsetzenden Panik – nicht mehr zu stoppen war.

Drittens beging das Unternehmen den Fehler, auf den langsam einsetzenden (und in seinen frühen Phasen nur von wenigen Insidern erkannten) Kontrollverlust mit einem Service-Abbau zu reagieren. So wurde die Zahl der Flight-Attendants und somit die Produktequalität abgebaut, wurden in der Economyklasse Mahlzeiten eliminiert und Plastiktassen durch Kartonbecher ersetzt, wurde die von der Konkurrenz längst vollzogene Verbesserung der Business-Class-Sitze in den Langstreckenflugzeugen immer wieder hinausgezögert (die Boeings MD-11 wurden am Schluss aus diesem Grund ausgerechnet von den gut zahlenden Geschäftsreisenden mehr und mehr gemieden).

Ins gleiche Kapitel gehört auch die phasenweise vorgekommene feste Verplanung von Flugzeugen, die eigentlich als Betriebsreserve vorgesehen gewesen wären; dadurch wurde es unmöglich, Verspätungen aufzufangen, was wiederum die Pünktlichkeit beeinträchtigte und die Fluggäste verärgerte.

Schließlich muss hier auch noch das so genannte Franchising erwähnt werden. Während Jahren bot die Swissair unter ihren Flugnummern Flüge an, die unter der Verantwortung und mit Maschinen der britischen Fluggesellschaften Debonair und Flightline ausgeführt wurden. Diese Maschinen waren bezüglich Komfort weit unter dem Niveau der Swissair und ihres Schweizer Partners Crossair, trugen jedoch trotz ihrer britischen Nationalität das Schweizerkreuz auf der Heckflosse und die Aufschrift «Swissair Express» auf dem Rumpf. Das Resultat waren regelmäßig verärgerte Kunden. Nach außen hin wurde behauptet, die Swissair reagiere mit diesem Schritt «auf entsprechende Wünsche von Vielfliegern, indem sie den Codeshare-Flug aufwertet und ein Produkt anbietet, das dem der Swissair näher kommt».

Alleingang

Der vierte Fehler schliesslich bestand in Bruggissers Beharren auf dem Alleingang in allen wesentlichen Bereichen. Ein Manager der Lufthansa meinte dazu einmal resigniert: «Es gibt offenbar nichts, was die Schweizer nicht besser könnten als der Rest der Welt.» Damit meinte er sicher nicht nur Bruggissers Weigerung, beim gemeinsamen europäischen Internetreiseportal Opodo mitzumachen und stattdessen sein eigenes Beyoo zu realisieren, sondern ebenso das Kundenbindungsprogramm Qualiflyer. Auch dieses war immer auf den kleinen Kreis der Swissair-Partnergesellschaften beschränkt und deshalb zu keinem Zeitpunkt auch nur annähernd so attraktiv wie die Konkurrenzprogramme der großen Fluggesellschaften.

Diese verheerende Tendenz zum Alleingang manifestierte sich übrigens auch auf technischen Gebieten. Typisches Beispiel war ein völlig neues und mit keinem gebräuchlichen System kompatibles Bordunterhaltungssystem namens IFEN, das die Swissair ab 1997 mit einem Aufwand von 70 Millionen Franken als nahezu einzige Fluggesellschaft der Welt einführte. Es funktionierte nie richtig und musste stillgelegt werden, nachdem es in den Verdacht geraten war, beim Absturz eines Swissair-Flugzeuges im September 1998 eine Rolle gespielt zu haben.

Verschiedene Kritiker glaubten in der seit Anfang der neunziger Jahre verfolgten Strategie der Swissair und später der SAirGroup das Resultat von Größenwahn zu sehen. Dieses Urteil ist wohl allzu hart, obwohl speziell der hemmungslose Ausbau des Verkehrsdrehkreuzes Zürich ein starkes Argument dafür liefert. Realistischer dürfte es sein, das Scheitern auf eine Kette von Fehlbeurteilungen, Eitelkeiten und Realitätsverdrängungen, gegen das Ende hin dann zunehmend auch schlichtweg auf Panik zurückzuführen.

So oder so ist nicht abzustreiten, dass der Untergang der einst so stolzen Swissair nicht ein Akt des Schicksals ist, sondern die Konsequenz einer praktisch von A bis Z verfehlten Unternehmensstrategie. Die Swissair ist nicht untergegangen, sie ist in den Untergang gemanagt worden.

8. Es lebe die Scheinwelt der Zahlen

Über Jahre hinweg zeichnete sich die Amtsführung des SAirGroup-Managements durch ein bemerkenswertes Maß an Realitätsverdrängung aus. Typisch dafür war das Verhalten im Jahr 1997, als die Swissair erstmals seit 1991 mit Fliegen wieder Geld verdiente. Jeffrey Katz, damals Chef der Airline, konstatierte in der Personalzeitung «gute 97er Zahlen» und «zunehmende Begeisterung beim Swissair-Personal».

In Wirklichkeit war die Swissair so wenig über den Berg wie die SAir-Group als Ganzes. 1997 war nämlich für die Fluggesellschaften insgesamt ein Boom-Jahr. Dazu kam die günstige Kursentwicklung des Schweizer Frankens und anderer europäischer Währungen. Es war fast nicht möglich, unter diesen Umständen keine Gewinne zu erwirtschaften.

Zwar hatte die Swissair ihre Ziele zum Teil erreicht: ihre Produktionskosten pro Sitzkilometer lagen mit 9,2 Rappen unter den als Zielmarke gesetzten zehn Rappen und sollten im Laufe des Jahres sogar unter 8,5 Rappen sinken. Genaueres Hinsehen offenbarte jedoch auch andere Fakten: British Airways war unterwegs zu Produktionskosten von fünf Rappen pro Sitzkilometer. Die Swissair war also bezüglich der Kosten und damit der Konkurrenzfähigkeit in Bezug auf ihre eigenen Vorgaben gut dran, nach den Kriterien des Marktes jedoch nach wie vor im Nachteil. Und letztlich zählt nur dies.

In den Fängen der Expertokratie

Klar waren um die Jahreswende 1997/98 eigentlich nur die Machtverhältnisse. Bruggisser war die unangefochtene Nummer eins im Konzern; Faktisch stand er noch über dem nominellen Verwaltungsratspräsidenten Hannes Goetz, der nur noch die Funktion eines repräsentativen Staatsoberhauptes wahrnahm.

Bruggisser ist ein blitzgescheiter Zahlenmensch («Er erkennt in einer Excel-Tabelle mit 1000 Zellen innert 20 Sekunden den wunden Punkt», sagte ein Mitarbeiter). Diese Eigenschaft half ihm oft, schadete ihm bisweilen aber auch. Geprägt von seiner Vergangenheit als Controller der Swissair, reduzierte er alles auf Soll und Haben, immer den Aktienkurs im Hinterkopf. Oft ließ er sich dabei von externen Beratern die Arbeit abnehmen. Die meisten seiner großen Projekte waren in Wirklichkeit Kinder der Unternehmensberatungen Roland Berger, McKinsey und anderer.

Mindestens seit 1990 war McKinsey so etwas wie der Hoflieferant der Swissair für Beratungsdienste und genoss annähernd grenzenloses Vertrauen. Zwei Ergebnisverbesserungsprogramme (1990 und 1994) wuchsen ebenso in den Treibhäusern dieser Beratungsfirma heran wie das Qualiflyer-Bonusprogramm, das Projekt Alcazar, die Hunter-Allianzstrategie und ganz am Schluss der Versuch, das Unheil noch abzuwenden. Über die Jahre soll McKinsey der SAirGroup mehr als 100 Millionen Franken in Rechnung gestellt haben, bei Tagesansätzen von bis zu 20 000 Franken.

Trotz ihrer großen strategischen Bedeutung wurde indessen zumindest seit Bruggissers Amtsantritt keines der von McKinsey und den anderen renommierten Beratungsfirmen erarbeiteten Projekte vor ihrer Implementierung im Swissair-Management je ernsthaft diskutiert. Ähnliches galt für den Verwaltungsrat. Selbst dessen Ausschuss pflegte sich immer wieder ohne intensive Auseinandersetzung blind auf Bruggisser und seine Berater zu verlassen und selbst wichtigste strategische Entscheidungen von leichter Hand abzusegnen.

So genehmigte er an seiner Sitzung vom Januar 1998 die fundamental wichtige und in der Folge auch verhängnisvolle Hunter-Strategie im Eiltempo. Lukas Mühlemann und Thomas Schmidheiny, die beiden gewichtigsten Mitglieder des Gremiums, erschienen nach Aussage eines Beteiligten zu spät zur Sitzung und verließen sie vorzeitig. «Die SAirGroup», resümierte angesichts dieses Arbeitsstils ein bekannter Unternehmensberater, «ist eine von Bruggisser orchestrierte Expertokratie.» Eine der Konsequenzen dieses Führungsstils war eine miese Stimmung auch im Management. Jeder intrigierte gegen jeden, und keiner wusste, was der Boss momentan gerade wieder im Schilde führte.

So ist es nicht überraschend, dass auch eine von Bruggisser bestellte und Anfang Oktober 1998 vom Beratungsunternehmen Roland Berger vorgelegte Studie nie richtig hinterfragt wurde. Das Papier schlug für die Swissair und ihre damaligen Partner-Airlines eine so genannte Multihub-Strategie vor. Durch die gegenseitige Abstimmung von Verkehrsdrehkreuzen in Zürich, Brüssel, Wien, Lissabon und Istanbul sollte ein jährlicher Gewinn von genau 243 Millionen US-Dollar erzielt und vor allem die Vormachtstellung der Star-Allianz in Europa gebrochen werden. Allein schon der koordinierte Betrieb der Hubs Zürich und Brüssel mit einem zusammengelegten Betrieb Swissair/Sabena hätte nach Roland Berger einen langfristigen Nutzen von 200 Millionen Dollar pro Jahr gebracht, kurzfristig immerhin 100 Millionen.

Niemandem scheint aufgefallen zu sein, dass zwei fundamentale Grundbedingungen für das Konzept nicht gegeben waren: Erstens waren für die optimierten Flugpläne, welche das Konzept vorsah, die erforderlichen Slots (Startzeiten) gar nicht vorhanden; und zweitens sah der Plan den unbeschränkt freien Einsatz der Piloten auf den Flugzeugen aller beteiligten Gesellschaften vor – auch dies ein Ding der Unmöglichkeit angesichts der massiv unterschiedlichen Arbeitsverträge und Einsatzzeit-Regelungen. Die ganze, mehr als 70 Seiten starke und bestimmt auch nicht billige Studie fußte auf falschen Voraussetzungen.

Das ist aber nicht verwunderlich, denn letztlich war das Ziel der Studie weniger die strategische Stärkung der Qualiflyer-Gruppe als die Rechtfertigung von deren kolonialistischem Charakter. Bruggisser ging es ganz offensichtlich in erster Linie darum, die verschiedenen Fluggesellschaften in untrennbarer Weise miteinander zu verschmelzen, um sie dann – mit dem primären Ziele der Optimierung ihres Shareholder-Values – besser kontrollieren zu können. Dafür brauchte er eine den Anschein von Rationalität erweckende Rechtfertigung. Roland Berger lieferte sie ihm.

Hausinterne Selbsttäuschung

Die strukturelle Schwäche des SAirGroup-Managements förderte das konzerninterne Intrigantentum und bildete dadurch auch einen hervorragenden Nährboden für allerlei Gruppeninteressen. Besonders geschickt stellten sich die Piloten an. Ihre Gewerkschaft mit dem Namen Aeropers profilierte sich während Bruggissers Herrschaft zu einem der entscheidenden Machtzentren der SAirGroup. Noch 1999, als sich die Gefährdung des Unternehmens bereits nicht mehr wegdiskutieren ließ, gelang ihr der Abschluss eines neuen Gesamtarbeitsvertrags, der aus der Sicht der Swissair als eigentlicher Knebelvertrag bezeichnet werden muss.

Nicht nur garantierte er der Aeropers bis zum Jahr 2002 den Erhalt von 1150 Arbeitsplätzen, sondern er bestätigte auch die den Piloten als einziger Berufskategorie zugestandenen Mitentscheidungsrechte auf Management-Ebene. So brauchte die Swissair nach dem Wortlaut des Vertrags die Zustimmung der Aeropers, um mehr als fünf Kurzstreckenjets anderer Fluggesellschaften (in der Praxis: der Crossair) mit über 100 Sitzplätzen einmieten zu dürfen. Im Bereich von 70 bis 100 Plätzen durften maximal halb so viele Flugzeuge gemietet werden, wie die Swissair selbst betrieb. In beiden (und in verschiedenen weiteren) Fällen legte das Vertragswerk sogar fest, wie die Flugzeuge außen bezeichnet sein mussten und wie groß die Buchstaben des Namenszugs zu sein hatten. All das stand, wohlverstanden, im Anstellungsvertrag für Piloten, nicht in einem Papier der Marketing-Abteilung!

Der Vertrag sah weiter vor, dass die Pilotengewerkschaft ein Vetorecht gegen Flüge in Gebiete hatte, die sie selbst (und nur sie allein) als Krisengebiet bezeichnete. Unter diesem Titel zwangen die Piloten die Swissair später dazu, ihre Flüge nach Tel Aviv auf schlechtere Flugplanzeiten zu verlegen, mit dem Argument, dass sich dadurch eine für die Piloten anscheinend unzumutbar gefährliche Übernachtung in einem israelischen Hotel vermeiden lasse.

Für den Krankheitsfall garantierte der Vertrag den Piloten die Fortzahlung des vollen Lohnes während 30 Monaten, und die Bezahlung der Pensionskassenbeiträge – immerhin zwischen 22 und 40,5 Prozent des Lohnes – war nicht wie üblich gemeinsame Sache der Arbeitnehmer und des Arbeitgebers, sondern allein der Swissair. Der Lohn selbst betrug 80 800 Franken pro Jahr für Piloten in Ausbildung und 289 000 Franken für einen Kapitän im 28. Dienstjahr. Es war nur aus der Schwäche des SAirGroup-Managements heraus zu erklären, dass es diesen Vertrag je unterschrieb.

Je inaktiver (oder: handlungsunfähiger) das Management der SAirGroup wurde, umso weniger Hemmungen auferlegten sich Bruggisser und sein Kernteam bei ihren finanziellen Balanceübungen. Im riesigen, weltumspannenden Reich der SAirGroup-Beteiligungsgesellschaften – wir erinnern uns: es umfasste über 260 Firmen – flossen Geldströme, wurden Vermögenswerte verschoben (so genanntes Asset-Shifting) und Guthaben beziehungsweise Schulden verrechnet in einem Umfang, der, wenn überhaupt, dann nur für ganz wenige Leute überblickbar war. Zu ihnen dürften Bruggisser und Finanzchef Georges Schorderet gehört haben. Ob es bei diesen Transaktionen immer mit rechten Dingen zuging, werden die Liquidatoren der SAirGroup und allenfalls Richter zu entscheiden haben. Ihre Aufgabe wird nicht leicht sein, denn für Experten ist klar, dass das von

Bruggisser aufgebaute Firmenkonglomerat jenes des früheren Schweizer Financiers Werner K. Rey an Komplexität und Unübersichtlichkeit bei weitem übertrifft.

Ungeachtet der rechtlichen Würdigung ist aber nicht abzustreiten, dass die Strategie aus der Sicht von Bruggisser und Schorderet während längerer Zeit einen gewaltigen Nutzen brachte: sie ermöglichte es, auf einleuchtende Weise jeweils genau dort Gewinne auszuweisen, wo sie aus welchen Gründen auch immer erwünscht waren. Diese Kunst beherrschten die beiden anscheinend so perfekt, dass der Zusammenbruch des Imperiums im Jahre 2001 selbst für die Finanzwelt – und für die Kontrollstellen, welche die zahlreichen Jahresrechnungen als korrekt zertifiziert hatten – überraschend kam oder wenigstens gekommen zu sein scheint …

Kommunikationspolitik an den Problemen vorbei

Interessant war auch die Strategie der SAirGroup im Bereich Kommunikation und Öffentlichkeitsarbeit. Sie war primär auf Wirkung angelegt, nicht in erster Linie auf sachgetreue Information. Pressemitteilungen hatten ganz allgemein einen positiven Titel, auch wenn ihr Inhalt grundsätzlich negativer Art war.

So war die Nachricht vom Rausschmiss Philippe Bruggissers am 22. Januar 2001 ganz am Schluss in einen Text eingebaut, in dem es vorgeblich um die Bestätigung der so genannten Zwei-Säulen-Strategie (paralleler Aufbau von Flugtätigkeit und flugverwandten Betrieben) ging. Anfang 2000 waren die miserablen Ergebnisse des Vorjahres unter dem Titel «Verkehrszahlen 1999: Deutlich mehr Passagiere befördert» kommuniziert beziehungsweise versteckt worden; von den Finanzen war in der Pressemitteilung mit keinem Wort die Rede. Ende Juni 2000 stand über der Medienmitteilung, welche einen Streik bei den SAirGroup-Fluggesellschaften in Frankreich ankündigte, der Titel «SAirGroup in Frankreich: Dialog mit den Gewerkschaften». Der bevorstehende Ausstand, für das Publikum wohl die relevantere Nachricht, kam erst im zweiten Abschnitt vor, als sei er eine Nebensache.

Ähnlich war die Verkündigung der (nach dem Absprung des US-Partners Delta nötig gewordenen) neuen Partnerschaft mit American Airlines orchestriert.

Der Anlass war, um der Sache Dramatik zu verleihen, erst am Vortag angekündigt worden, obwohl das Datum seit zwei Wochen feststand. Nur: An der Show fehlte der Bräutigam. SAirGroup-Chef Philippe Bruggissser und Swissair-Boss Jeffrey Katz saßen allein am großen Tisch, von der neuen Partnerin American war niemand da. Das war kein Zufall, die Amerikaner hatten Wichtigeres zu tun. Gleichzeitig wie mit der Swissair begannen sie auch eine praktisch identische kommerzielle Zusammenarbeit mit der taiwanischen Eva Air und mit der chilenischen LAN. Parallel dazu lief der Aufbau von gemeinsamen globalen Flugangeboten mit British Airways. Dafür setzten die American-Topmanager ihre Zeit ein; der Swissair-Deal lief für sie nebenher.

Strategisch geleitet wurde die Kommunikationstätigkeit der SAirGroup und ihrer Töchter von der ehemaligen Journalistin Beatrice Tschanz. Tschanz erwarb sich (wie übrigens auch Philippe Bruggisser) bei Bevölkerung und Journalisten großen Respekt für die hoch professionelle und menschlich einwandfreie Art, in der sie die Folgen des Absturzes eines Swissair-Flugzeuges im September 1998 bewältigte.

Sie gehörte als Mitglied der so genannten «Viererbande» zum innersten Machtzirkel der SAirGroup und hatte es so in der Hand, den Informationsfluss in einem gewissen Maß zu steuern. Das tat sie denn auch, meist gekonnt und mit der beabsichtigten Wirkung: Bis im Sommer 2000 registrierte kaum jemand den tatsächlichen Zustand der SAirGroup und deren zweifelhafte Strategie. Die meisten Journalisten gaben sich mit den Pressemitteilungen von Tschanz' Mannschaft zufrieden und verkündeten kritiklos das Hohelied von Bruggissers Genialität. Vereinzelte kritische Geister wurden als Querulanten in die Ecke gestellt.

Tschanz selbst förderte diese Strategie durch einen gezielten medialen Aufbau der eigenen Person. Dankbar griff die Boulevard- und Prominentenpresse ihre Personality-Storys auf, zeigte Beatrice Tschanz in den Ferien mit ihrem Mann oder Beatrice Tschanz als Patientin nach einem Autounfall. Wann immer Beatrice Tschanz etwas Besonderes erlebte, schien wie von Geisterhand gesteuert «zufällig» ein Pressefotograf zugegen zu sein. In Talkshows war sie regelmäßiger Gast – und zwar nicht nur dann, wenn es um Themen den Luftfahrt ging, sondern auch bei Diskussionen über den Bankenplatz Liechtenstein oder was auch immer. Zeitweise sah man Tschanz sogar als Model in Fernseh-Werbespots für Schweizer Obst; sie biss in einen Apfel und sagte: «Ich weiß, warum.» (Als der Verfasser sie bat, die Begründung anzugeben, kniff sie freilich.)

Im Spätsommer 2000 schrieb die Zeitschrift «Schweizer Familie» über die «Tschanz national»: «(Ihre) Verehrerinnen und Verehrer stammen aus allen Altersklassen und Sozialschichten. Vom Lehrling über den Hilfsarbeiter, den Kellner, die Büroangestellte und die Hausfrau bis zu PR- und Presseleuten, ja sogar bis zum Bundesrat.» Geschrieben wurde der Artikel von einer vollamtlichen Mitarbeiterin des von Beatrice Tschanz geführten SAirGroup-Kommunikationsteams …

Kurz: Mehr und mehr wurde Beatrice Tschanz in der öffentlichen Wahrnehmung eins mit der Swissair; sie war nicht mehr Vermittlerin der Botschaft, sie war die Botschaft selbst. So gelang es ihr während langer Zeit, die – zunehmend unangenehmen – Fakten mit dem Glamour der eigenen Ausstrahlung zu übertünchen. Als sie Anfang 2001 im Zuge der großen Machtablösung, von der noch zu reden sein wird, ebenfalls zurücktrat, war dieser Vorgang für einen erheblichen Teil der Schweizer Presse mindestens ebenso sehr ein Thema wie der Zustand der SAirGroup selbst, eines Unternehmens mit immerhin 70 000 Angestellten.

Doch man kann, wie eine alte Regel der Publizistik sagt, entweder viele

Leute während kurzer Zeit zum Narren halten oder wenige Leute während langer Zeit, nicht jedoch viele Leute während langer Zeit. So musste auch für die Informationsstrategie der SAirGroup, und das heißt auch für Beatrice Tschanz, einmal der Augenblick der Wahrheit kommen. Das geschah am 5. Juni 2000. Jeffrey Katz war eben als Chef der Swissair zurückgetreten, als in der Nachrichtensendung «10 vor 10» des Schweizer Fernsehens der Satz fiel, dem SAir-Konzern gehe es insgesamt wesentlich schlechter, als man in der Öffentlichkeit allgemein annehme. Ein Analyst der Credit Suisse nahm diese Information auf, die Nachrichtenagentur Reuters verbreitete sie am folgenden Morgen, und der Skandal war perfekt. Der Kurs der Swissair-Aktie, der bereits seit Mitte Juni im Sturzflug war, sackte noch ein wenig weiter ab.

Offiziell behauptete die SAirGroup zu jenem Zeitpunkt noch, das Jahr 2000 werde mit einem Gewinn von 200 Millionen Franken enden. Die Aussage am Fernsehen beruhte auf der Insider-Information, dass mit einem Verlust von 500 Millionen zu rechnen sei (tatsächlich war es dann ja viel mehr).

Und jetzt gingen Tschanz erstmals die Nerven durch. Öffentlich brandmarkte sie den am Fernsehen aufgetretenen Journalisten und kündigte rechtliche Schritte gegen ihn an. Gleichzeitig entließ die Credit Suisse, die Firma des SAirGroup-Verwaltungsrats Lukas Mühlemann also, den «fehlbaren» Analysten. Am nächsten Tag nahm Tschanz die Prozessdrohung zwar ebenso öffentlich wieder zurück, doch der Schaden war angerichtet: Die Glaubwürdigkeit der SAir-Information war angekratzt. In der Folge stieg die Zahl der kritisch recherchierenden Journalisten rasch an, und etwa vom Winter 2000/2001 an begannen sich die negativen Berichte zu häufen. Der Damm war gebrochen, der Weg für die schonungslose Aufbereitung des Swissair-Dramas vorerst frei.

9. Ein Mythos wird entzaubert

Vorerst hielten die Topmanager der SAirGroup noch wacker die Stellung. Finanzchef Schorderet sagte Ende September 2000 in einem Interview der Zeitschrift «Finanz und Wirtschaft», das Problem – der Aktienkurs war mittlerweile auf den tiefsten Stand seit 1998 gefallen – sei vorübergehender Natur. «Wir wollen den Konzern so strukturieren, dass wir mittelfristig eine Rolle in der europäischen Airline-Industrie spielen können. Diese Strategie erfordert auch von den Aktionären viel Geduld.» Das Jahr werde wie vorhergesagt mit einem Gewinn von etwa 200 Millionen Franken enden. Schorderets Chef Philippe Bruggisser blies ins gleiche Horn: «Die Swissair muss Geld verdienen, und sie wird auch Geld verdienen. Man kann uns wegen der speziellen Strukturen nicht einfach mit anderen Airlines vergleichen ... Würden wir in der gleichen Art bilanzieren (wie andere Airlines), dann würde die Swissair auch heute Geld verdienen.»

Die konzertierte Aktion änderte zwar nichts an den objektiven Fakten (diese blieben miserabel), doch die nach wie vor unkritische Finanzwelt, sekundiert von einer mehrheitlich ebenso willfährigen Presse und einer dem nationalen Mythos Swissair ungebrochen positiv gegenüberstehenden Öffentlichkeit, sog die Worte der SAirGroup-Konzernspitze förmlich auf. Der Börsenkurs schoss wieder in die Höhe. Die Bank Julius Bär ließ verlauten, man könne davon ausgehen, dass «der jüngste massive Kurszerfall zu einer Unterbewertung geführt habe». Ungefähr gleichzeitig gaben sich die Mitglieder der SAir-Konzernleitung in aller Stille neue Arbeitsverträge mit einer mehrjährigen Laufzeit ...

Eine Vorreiterrolle bei der Entzauberung des Mythos von der starken und gesunden SAirGroup spielte die angesehene Genfer Privatbank Lombard Odier. Das Haus hatte durch Thierry Lombard, Verwaltungsrat der Crossair, einen guten Zugang zu internen Firmeninformationen, war mangels intensiver Kundenbeziehungen zur SAirGroup von dieser unabhängig und deshalb vor allen anderen Finanzinstituten in der Lage, ein realistisches Bild der Situation zu zeichnen. Am 24. Oktober 2000 publizierte die Bank eine Unternehmensanalyse, die nach eingehender Darlegung der Situation zu folgendem Fazit kam: «Wir stellen fest, dass aufgrund unserer gegenwärtigen Einschätzung die Aktie in Relation zu ihresgleichen nicht mehr als besonders günstig erscheint. So lange keine wesentlichen guten Nachrichten eintreffen bezüglich Treibstoffpreis (Normalisierung), Sabena (erfolgreiche Restrukturierung), Frankreich (Stopp der Unruhe bei den Gewerkschaften), Italien (Klarstellung der Möglichkeiten für ein Zusammengehen mit Alitalia) und Diversifikation/Allianzpolitik (Strategiewechsel), besteht nur ein beschränktes Potenzial für eine nachhaltige Erholung des Aktienkurses. Demzufolge lautet unsere Empfehlung: Reduzieren.»

Wenige Tage später schrieb die «Berner Zeitung»: «Seit Jahren ist Bruggisser auch SAir-intern praktisch der Einzige, der den eingeschlagenen Kurs gut findet. Seine Topmanager möchten die Swissair schon lange in eine starke globale Allianz führen. Dort wäre die Swissair, auf der Weltrangliste der Fluggesellschaften die Nummer 24, allerdings nicht tonangebend, sondern ein Mitglied unter vielen. Bruggisser argumentierte immer, damit würde der Aktienkurs ruiniert. Und darum brachte er möglichst viele andere Airlines unter seine Kontrolle – logischerweise nur schwache, denn ein starkes Unternehmen hat es nicht nötig, sich einem von der SAirGroup gesandten Landvogt zu unterwerfen. So entstand die Qualiflyer-Gruppe – ein von der Schweiz kontrolliertes Kolonialgebilde vorwiegend zweit- und drittklassiger Fluggesellschaften mit einem Weltmarktanteil, der gerade ein Siebtel dessen der dominierenden Star-Allianz ausmacht. Wie lange das wohl noch gut geht?»

Man muss sich vor Augen halten, dass zu jenem Zeitpunkt die meisten Banken, vor allem aber die großen, der SAirGroup immer noch die Treue hielten (einige blieben bis im Sommer 2001 bei dieser Haltung). Lombard Odier war ein Rufer in der Wüste. Die Boulevardzeitung «Blick» lobte Bruggisser noch am 23. November 2000 als «Manager-Held».

Der Lack blättert ab

Doch auch in der Presse wurden die kritischen Stimmen jetzt nach und nach zahlreicher. Zu deutlich waren die Zeichen, und zu rasch wurden es ihrer immer mehr, als dass sich die Wirklichkeit noch hätte verdrängen lassen. Verluste allenthalben, die offene Diskussion über einen möglichen Konkurs der Sabena, offensichtlich katastrophale Zahlen bei der SAir-Group-Chartergesellschaft Balair und bei der deutschen LTU – überall machten sich Metastasen der allgemeinen Fäulnis bemerkbar.

Ende November 2000 musste sogar der SAir-Verwaltungsrat selbst erstmals sachte andeuten, dass auch er über die Situation nicht mehr restlos glücklich sei. Einen Tag lang hatte das Gremium in teilweise hitziger Atmosphäre verhandelt und dann dies verlauten lassen: «Der Verwaltungsrat hält sich Optionen zur Verbesserung der Positionierung der SAir-Group offen und hat die Konzernleitung beauftragt, diese vertiefend zu analysieren.» Am Schluss der Mitteilung wurde zu Handen der Redaktionen noch darauf hingewiesen, dass in dieser Sache «keine zusätzlichen Statements abgegeben» würden.

Im Klartext hieß das: Der große, eigentlich längst überfällige Knall wurde abermals verschoben, und in der Zwischenzeit sollte Philippe Bruggisser als Strafaufgabe die verschiedenen Alternativen noch einmal – ein letztes Mal wohl – durchrechnen.

Die «Berner Zeitung» kommentierte: «Dass bald etwas Entscheidendes geschehen muss, ist unbestritten; die SAirGroup hat sich in einer strategischen Sackgasse verrannt und fliegt mit Vollgas Richtung Crash. Dafür ist einerseits Bruggissers Konzernleitung verantwortlich, andererseits und in erster Linie aber der Verwaltungsrat. Das Gremium hat sich während Jahren darum foutiert, die Oberaufsicht über die Geschäftsführung wahrzunehmen und die Unternehmensstrategien festzulegen. Es hat die Konzernleitung ‹heuen› lassen und tatenlos zugeschaut, wie die Unternehmenssubstanz kompromittiert wurde. Damit hat der Verwaltungsrat seine gesetzlich festgeschriebenen Pflichten vernachlässigt und sich der Gefahr von Verantwortlichkeitsklagen aus Aktionärskreisen ausgesetzt. Es ist also durchaus auch Eigeninteresse dabei, wenn die Verwaltungsräte jetzt endlich Dampf aufsetzen und zumindest einmal Szenarien für die Sanierung der SAirGroup ausarbeiten lassen.»

Wie ernst die Lage war, zeigte sich daran, dass nun auch die «Neue Zürcher Zeitung» eine SAir-kritische Haltung einnahm; bis dahin hatte sich das Blatt, dessen Verwaltungsratspräsident der gleiche war wie seit einigen Monaten jener der SAirGroup (nämlich Eric Honegger), immer vorbehaltlos hinter Bruggisser und dessen Strategie gestellt. Nun publizierte die Zeitung eine Studie über die Leistungsfähigkeit von 75 großen Schweizer Unternehmen. Unter diesen belegte die SAirGroup den letzten Platz; sie hatte, so die NZZ, «als einziges der 75 Unternehmen seit der Gründung für die Aktionäre mehr Wert vernichtet als geschaffen».

Die Nervosität stieg nun spürbar an. Es nahte das Jahresende, die Zeit der Bilanzwahrheit, und keines der großen Probleme war auch nur in Sichtweite einer Lösung. In Brüssel brauchte die Sabena, wollte sie den Kollaps abwenden, eine Kapitalerhöhung von rund 1,2 Milliarden Schweizer Franken, davon etwa zwei Drittel sofort. Belgiens Regierung sagte klar, dass von ihr nichts zu erwarten sei, also schien die Sache an der SAirGroup hängen zu bleiben. In Frankreich liefen 2000 und (gemäß Budget) 2001 Defizite von zusammen rund einer Milliarde Franken auf, wovon etwa die Hälfte auf die SAirGroup fiel. Italiens Qualiflyer-Airlines zahlten für ihre Flugzeuge die Leasinggebühren nicht mehr. Und in der Schweiz waren die

Kassen so leer, dass Finanzchef Schorderet wieder einmal zum Zauberstab greifen musste. Das neue Frachtzentrum auf dem Flughafen Zürich wertete er kurzerhand um 100 Millionen Franken auf – willkürlich, wie Kenner der Materie meinten.

Die Lage war so verworren, dass «der Kompass alle paar Tage wieder in eine andere Richtung zeigte», wie sich ein VR-Mitglied ausdrückte. Was sollte man tun? Den strategischen Kurs ändern? Sicher, aber in welche Richtung? – Bruggisser absetzen? Vielleicht, aber durch wen ersetzen? – Unternehmensteile verkaufen? Ja, aber welche, und an wen, zu welchem Preis, wann?

In den Sattel gehoben – und abgesetzt

Viel Zeit blieb nicht mehr – und Bruggisser nutzte sie nicht. Am 23. Januar 2001 wurde der SAirGroup-Boss Knall auf Fall abgesetzt. Verwaltungsratspräsident Eric Honegger, der im Vorjahr die Nachfolge von Hannes Goetz angetreten hatte, setzte sich selbst als Konzernleiter, den klugen Wolfgang Werlé, Chef von Gate Gourmet und anderen flugverwandten Konzernunternehmen, als seinen Stellvertreter und den Chef der Crossair, Moritz Suter, als Boss der Konzerndivision SAirLines ein, welche die Fluggesellschaften Swissair, Crossair und Balair umfasste. Die neue Führungsmannschaft sollte umgehend das Chaos im Konzern beseitigen, die zahlreichen Leichen im Portefeuille entweder sehr rasch wiederbeleben oder anständig beerdigen und dem Konzern wieder die Chance geben, aus den Ruinen der bisherigen Strategie zu neuem Leben zu erwachen.

Suter griff durch, und als Konsequenz verließ bereits zwölf Tage später Paul Reutlinger seinen Posten als Chef der französischen Fluggesellschaften AOM, Air Liberté und Air Littoral. Zwei Gründe und ein Vorwand waren es, die Reutlingers Abgang forcierten. Der Vorwand zuerst: Er habe in den Jahren zuvor die belgische Sabena an den Rand des Untergangs gemanagt. Das war seit langem bekannt, und man hätte ihn deswegen schon zwei Jahre früher entlassen können. Und die wahren Gründe: Zum einen ist Reutlinger (und war schon immer) ein Mann der großen Auftritte, nicht der großen Taten, und somit ungeeignet für einen Managerjob mit weit reichender Verantwortung. Zum anderen konnten Reutlinger und Moritz Suter sich noch nie leiden, und jetzt war nun einmal Suter der Boss aller SAir-Fluggesellschaften, nicht Reutlinger.

Doch nur einen Monat später, gerade mal 44 Tage nach seinem Amtsantritt, schmiss auch Moritz Suter selbst den Bettel hin. Er hatte sich mit Beat Schär zerstritten, dem Chief Executive Officer der Swissair (besser: Betriebsleiter, denn außer der Betriebsabteilung waren ja alle Bereiche der Fluggesellschaft zusammen mit denjenigen der Sabena in die Airline Management Partnership AMP ausgelagert worden). Schär betrachtete sich in Übereinstimmung mit seinem gut entwickelten Ego als Chef der Swissair, Suter sah sich in Übereinstimmung mit dem Auftrag des SAirGroup-Verwaltungsrates als Chef aller Airline-Aktivitäten der Gruppe, mithin auch der Swissair. Also wollte Suter auch die Sanierung der maroden Swissair an die Hand nehmen, lies: er wollte die Kosten senken, was wiederum zwangsläufig eine Kürzung der hohen Pilotengehälter bedeutet hätte. Da geriet er nun aber an den Expiloten Schär. Dieser scharte Getreue um sich und erzwang nach intensivem Lobbying einen Showdown bei VR-Präsident Honegger. «Schär oder Suter», hieß die Frage. Honegger hatte im Augenblick der Konfrontation nicht das Rückgrat, um Schär und seine Mitverschwörer in die Schranken zu weisen, umso mehr, als Schär für diesen Fall mit einer Beeinträchtigung des Flugbetriebs (Streik?) sowie mit einer Verringerung der Flugsicherheit drohte. Für Suter war nun die zuvor garantierte Handlungsfreiheit nicht mehr vorhanden, und er ging umgehend.

Liest man die im Anschluss an diesen Eklat publizierte Pressemitteilung der SAirGroup, so wird auch klar, worum es hintergründig ging. Da versprach nämlich Honegger, am 2. April «volle Transparenz über alle finanziellen Engagements bei den Beteiligungen» zu schaffen. Weiter oben in dem Text stand, das Schwergewicht der Sanierungsbemühungen liege in Belgien und Frankreich. Im Klartext heißt das: Die Swissair sollte nicht saniert, über ihren Zustand keine Klarheit geschaffen, Schärs Macht nicht in Frage gestellt werden. Die Suche nach Fehlern und zwangsläufig auch nach Schuldigen sollte sich auf das Ausland beschränken. Manager in Belgien oder Frankreich kann man nun einmal leichter abschießen als die zahlreichen Lokalfürsten, welche seit Jahr und Tag in der Swissair fuhrwerkten. Zu ihnen gehörte ohne Zweifel auch Beat Schär.

Für Honegger kam es freilich anders. Noch bevor er «volle Transparenz» schaffen konnte, musste er Mitte März selbst den Hut nehmen. Sein Nachfolger wurde auf Betreiben von Rainer E. Gut, den wir aus früheren Zeiten als graue Eminenz hinter der Swissair kennen, der Finanzchef des Nestlé-Konzerns, Mario A. Corti.

10. Mit Corti in den Abgrund

Selten zuvor in der jüngeren Schweizer Wirtschaftsgeschichte war ein Topmanager mit so vielen Vorschusslorbeeren in sein neues Amt begleitet worden wie am 16. März 2001 der damalige Nestlé-Finanzchef und SAirGroup-Verwaltungsrat Mario Arnold Corti. Als neuer Verwaltungsratspräsident und Konzernchef verkörperte er die letzte Hoffnung für eine Rettung der Swissair.

Das ist zum einen verständlich: Auch in der Wirtschaftsjournalistik hat es sich in den letzten Jahren eingebürgert, dass neu eingesetzte CEOs wie Könige bei der Krönung bejubelt werden. Mit Jack Welch, Bill Gates, John Sculley (Wer kennt ihn noch? Er war der ehemalige Apple-Chef) wird scheinbar automatisch der Wohlstand ausgerufen. CEOs wird – teilweise ohne jede sachliche Begründung – Charisma und eine geradezu magische Macht zugesprochen, als müssten sie nur einen Zauberstab über das Problem heben, und schon fliehen alle Sorgen von dannen.

Corti fand sich in derselben Situation wieder.

Das Problem ist nur: Die Personalisierung von sachlichen Problemen enthebt alle Beteiligten nicht von der Beschäftigung mit den Problemen, und die wurden weiterhin nur unzureichend zur Kenntnis genommen.

Cortis Game

Cortis Leistungsausweis war beeindruckend: Nach einer ersten Stelle in der amerikanischen Aluminiumindustrie (mit parallelem Betriebswirtschaftsstudium in Harvard) trat er 1977 in die Schweizerische Nationalbank ein. 1986 wurde er stellvertretender Direktor des Bundesamtes für Außenwirtschaft, wo er sich bald den Ruf eines erfolgreichen Handelsdiplomaten erwarb. 1990 heuerte er bei Nestlé an, wo er 1996 Finanzchef wurde. Im Frühjahr 2000 trat er dann auch in den Verwaltungsrat der SAirGroup ein. «Super-Mario», wie die Boulevardpresse Corti alsbald nannte, war also als relativer Newcomer weitgehend unbelastet in Sachen SAir-Misswirtschaft. Immerhin hatte er jedoch den Einstieg bei der französischen Air Liberté mit zu verantworten.

Der an der Lausanner Management-Hochschule IMD lehrende Professor Stéphane Garelli jubelte: «Corti könnte der Hayek der Schweizer Luftfahrtindustrie werden.» Headhunter Sandro Gianella bezeichnete ihn gar als «einen Sechser im Lotto», denn «die SAir ist ein extrem politisches Thema. Deshalb könnte ein ausländischer Manager die SAir nicht führen.» (Acht Monate später sollte ein Holländer als Verwaltungsratspräsident der «neuen Crossair» bezeichnet und damit praktisch Cortis Nachfolger werden…) Corti ist, darin sind sich alle Beobachter einig, hochintelligent, ein erstklassiger Finanzmann, persönlich integer und sehr belastbar. Doch er stand vor einer gewaltigen Aufgabe: Es brannte an allen Ecken und Enden, das Unternehmen war in echter Gefahr. Corti musste eigentlich alles gleichzeitig und sofort erledigen: einen neuen Verwaltungsrat bestellen, neue Topmanager suchen, eine neue Strategie entwerfen, neue Strukturen schaffen, die unglückseligen ausländischen Beteiligungen liquidieren und gleichzeitig Swissair und Balair sanieren.

Er trat sein neues Amt jedoch nahezu ohne Fachkenntnisse in Sachen Luftverkehr an. «Statt Flugtreibstoff hat er Nescafé im Blut», wurde alsbald gewitzelt. Bereits bei seinem ersten öffentlichen Auftritt bestätigte er diese Befürchtung. In der Diskussionssendung «Arena» des Schweizer Fernsehens vom 16. März 2001 sagte er drei Dinge, die seine Unwissenheit bloßlegten – und er sagte einige Dinge nicht, mit denen er sein Verständnis für die wirklichen Prioritäten hätte belegen können.

Swissair first

Corti meinte (sinngemäß), die Marke Swissair müsse die Funktion einer Dachmarke einnehmen und die Marke Crossair dieser untergeordnet werden. Das sei in der Schokoladeindustrie so, und das müsse auch im Luftverkehr so sein; Nestlé sei die Dachmarke und stehe im Vordergrund, Cailler sei eine Untermarke.

Tatsächlich irrte Corti bereits hier. Zur selben Zeit, als er dies sagte, wurden nämlich an Bord der Swissair-Flugzeuge Schokoladehäppchen der Marke Cailler verteilt, auf deren Verpackung jeder Hinweis auf Nestlé fehlte (auch in den Regalen der Supermärkte waren solche Produkte zu finden).

Doch wichtiger als diese Bagatelle ist, dass Corti damit die Realitäten falsch einschätzte. Schon zu jener Zeit war die Crossair eine funktionierende Fluggesellschaft mit intaktem Image, einem guten Produkt und hoch motiviertem Personal, die Swissair dagegen in jeder Beziehung angeschlagen.

Bei richtiger Einschätzung der Situation hätte Corti die beiden Fluggesellschaften als ebenbürtige Partner dargestellt. So wäre ihm später die Peinlichkeit erspart geblieben, sich korrigieren und den Namen Crossair als gleichwertig anerkennen zu müssen. (Tatsächlich hat mittlerweile ja auch die Crossair den von der Swissair übrig gebliebenen Rest übernommen, nicht umgekehrt.)

«Premium Airline»

Corti ließ erkennen, dass er die Swissair als so genannte «Premium Airline» profilieren wolle. Darunter verstand er eine Fluggesellschaft mit einem extrem hochwertigen Produkt, für das die Kunden auch mehr zu zahlen bereit sind – und offenbarte wiederum einen fundamentalen Denkfehler.

Europas einzige funktionierende «Premium Airline», die britische Virgin Atlantic, verdankte ihren Erfolg nämlich neben der im Vergleich zur Konkurrenz besseren Qualität genauso sehr den tieferen Tarifen. Diese konnte sie sich leisten, weil ihre Produktivität (jährliche Tonnenkilometer pro Mitarbeiter zum Zeitpunkt von Cortis Äußerung) doppelt so hoch war wie jene der Swissair. Anders gesagt: Bessere Qualität ist für relativ kleine Fluggesellschaften wie Swissair oder Crossair eine unabdingbare Voraussetzung zum Überleben, nie jedoch darf sie ein Vorwand sein für schlechte Produktivität und – als Folge davon – hohe Tarife.

Die Tücken der Information

Schließlich machte Corti auch deutlich, dass ihm die Mechanismen des Nachrichtenwesens fremd waren. Er stellte nämlich öffentlich einen bis in den Herbst reichenden «Informationsfahrplan» auf und behauptete dadurch implizit, auf Monate hinaus den Gang der Dinge kontrollieren und vor allem auch die Arbeit der Journalisten steuern zu können.

Konkret: Er werde, so Corti, nach dieser ersten Fernsehdiskussion noch eine zweite in Genf führen, dann (am 2. April) an einer Medienkonferenz den Stand des Unternehmens, die Resultate des Jahres 2000 und seine ersten Vorstellungen für den weiteren Kurs präsentieren, an der ordentlichen Generalversammlung vom April einen generellen Plan vorlegen und schließlich an einer außerordentlichen Generalversammlung im Herbst die Detailmaßnahmen und einen neuen Verwaltungsrat vorstellen. Zwischen diesen Terminen werde es keine öffentlichen Informationen geben.

Tatsächlich musste Corti dann allerdings sehr rasch einsehen, dass die Realität anders aussieht. Für den Verfasser (und offensichtlich auch für andere Journalisten) bedeutete Cortis angeblicher «Informationsstopp» in Wirklichkeit eine sofortige Intensivierung des ohnehin immer recht breiten «inoffiziellen Informationsstroms» aus Swissair-Kreisen. Bald musste

Corti seine Agenda zu diesem Thema nach den Bedürfnissen der Medienleute richten, nicht umgekehrt.

Corti sagte in jener Fernsehdiskussion aber auch einige wichtige Dinge nicht. Vor allem ging er mit keinem Wort auf den desolaten Zustand der Swissair ein. Die Zuschauer mussten den Eindruck gewinnen – und das war von Corti vermutlich auch so beabsichtigt –, dass hier eine an sich hervorragend funktionierende Swissair durch einige unglückliche Auslandinvestitionen ihres inzwischen entlassenen Topmanagements eigentlich völlig unverschuldet in eine Notlage geraten sei. Auch damit verkannte Corti die reale Situation total. Oder hatte er etwa zu sehr auf seine Informationschefin Beatrice Tschanz gehört? Diese hatte nämlich kurz vorher in einer Fernseh-Talkshow wörtlich gesagt: «Es ist meine Aufgabe, die Swissair-Krise in eine Beteiligungskrise umzumodeln.» Also: Nicht in der Schweiz liegen die Probleme, sondern allein im Ausland. Sind wir erst einmal die defizitären Beteiligungen los, ist alles wieder in bester Ordnung. Das war die offizielle Doktrin, und Corti übernahm sie kritiklos.

An der angekündigten Medienorientierung vom 2. April 2001 über das Jahresresultat 2000 blieb Corti dieser Linie treu. Unter dem Strich wies er für die SAirGroup einen Verlust von 2,885 Milliarden Franken aus. Darin enthalten waren knapp 2,5 Milliarden an Rückstellungen für die Restrukturierung des Airline-Bereichs, lies: für den Ausstieg aus den zahlreichen Fluggesellschaften, an denen die SAirGroup beteiligt war.

Unter dem Titel «Was seit dem 16. März 2001 getan wurde» (seit Cortis Amtsantritt also) berichtete er über den Stopp aller Zahlungen an die Air Littoral, über die Vorbereitung von Sanierungsmaßnahmen bei AOM/Air Liberté, Volare/Air Europa, Sabena, Balair, LTU, in den SAir-Bereichen Fracht, Liegenschaften, Hotels – und mit keinem einzigen Wort über die Swissair, obwohl auch diese täglich eine halbe Million mehr ausgab als einnahm.

Schließlich verzichtete Corti entgegen den Erwartungen zahlreicher Branchenkenner auch darauf, die Bilanz wirklich nachhaltig zu sanieren.

Im Gegenteil: Der undurchsichtige Posten «Immaterielle Aktiven», in dem vor allem so genannter Goodwill für mehrheitlich wertlose Beteiligungen enthalten war (intern «Heißluftballon» genannt) war wie schon im Vorjahr erneut um runde 500 Millionen angewachsen und bezifferte sich nun auf stolze 2,274 Milliarden. Ferner stand jene runde Milliarde an Pensionskassengeldern immer noch in der Bilanz, deren Aktivierung vom Bundesamt für Sozialversicherungen als rechtswidrig erklärt worden war. Allein diese beiden Posten machten noch einmal mehr als 2,5 Milliarden aus, die Corti geflissentlich übersah. Fazit der Weltwoche: «Keine schönen Aussichten für Captain Corti: Es ist durchaus möglich, dass die SAir-Krise in ihren heute bekannten Dimensionen nur das Vorspiel zum eigentlichen Gewitter ist.»

Bankspezialisten sagten hinter vorgehaltener Hand: Hätte Corti wirklich rücksichtslose Offenheit walten lassen, so hätte er sofort zum Konkursrichter gehen müssen. Aber er wählte den bequemeren Weg: Schuldige möglichst weit weg im Ausland suchen, die näher liegenden Probleme verdrängen, abstreiten – Augen zu und hoffen, dass die Konjunktur wieder anzieht und sich die Probleme von selbst lösen.

Leider war dies aber nicht der Fall, im Gegenteil. Parallel zu Cortis Sanierungsbemühungen zeichnete sich ab März/April 2001 im weltweiten Luftverkehr ein massiver Einbruch ab. Allen Experten war rasch klar, dass diese Branchenrezession weit über das hinausging, was im Weltluftverkehr ungefähr alle zehn Jahre passiert und als natürlicher Zyklus gilt. Die meisten Fluggesellschaften beurteilten die Situation sogar als potenziell gefährlicher als den Golfkrieg des Jahres 1991. Mario Corti jedoch tat seelenruhig so, als hätten alle anderen Fluggesellschaften ein ernstes Problem, nur nicht die Swissair.

Da war es nur folgerichtig, dass Corti zwar die Struktur des SAirGroup-Managements vereinfachte, aber keine relevanten personellen Änderungen vornahm. Zwar kamen Christoph Müller (Sabena, AMP, Allianzen) und Andre Dosé (Crossair, dort Nachfolger Suters als Vorsitzender der Geschäftsleitung) neu in die Konzernleitung, doch das bisherige Team blieb – jenes Team, das die Firma zuvor durch jahrelange Kungelei und Misswirtschaft in seine missliche Lage manövriert (oder Bruggisser nicht daran gehindert) hatte. Ja, mehr noch: Corti ließ sich durch die Pilotengewerkschaft ganz offensichtlich über den Tisch ziehen, indem er ihnen gegen das Zugeständnis einer minimen Kostenreduktion – Lohnreduktion um fünf Prozent – die Verlängerung ihres Gesamtarbeitsvertrages bis 2005 zugestand, mithin faktisch eine Arbeitsplatzgarantie gab.

Durch diesen «Sonderbund», den er auf Empfehlung von Airline-Chef Beat Schär eingegangen war, band sich Corti in Sachen Sanierung der Swissair selbst die Hände. Kein Wunder denn, dass in der Zeitung der Pilotengewerkschaft ein Mitglied ganz unverblümt triumphierte: «Die fünf Prozent sind auf zwei Jahre beschränkt, tun nicht wirklich weh und wir hätten sie auch ohne Gegenleistung geben müssen. (...) Die anderen Verbände platzen fast vor Neid, dass dieser Deal ausgerechnet wieder den Piloten gelungen ist.»

In Fachkreisen war jetzt, also im April 2001, zunehmend die Meinung zu hören, dass die Swissair – und eventuell die SAirGroup als Ganzes – dem Untergang entgegenstrebe. «Die Weltwoche» schrieb: «Man kann es drehen und wenden, wie man will: Unter dem Namen Swissair wird es in Zürich künftig weniger Luftverkehr geben. Einen Teil davon werden ausländische Airlines an sich reißen, der größere Teil des Abbaus wird jedoch auf den Transitverkehr entfallen und sich somit auf andere Flughäfen verlagern. Unklar ist das Ausmaß der Netto-Einbuße, unabstreitbar jedoch ihre wirtschaftliche Konsequenz. (...) Die Krise der SAirGroup zeigt plötzlich ihr wahres Gesicht: Es geht hier nur am Rande um Manager, die versagt haben. Im Kern geht es um die Krise eines Großunternehmens in einer wirtschaftlich zentralen Region der Schweiz. Und damit um das Wohlergehen dieser Region, des Großraums Zürich.»

Verpasste Chancen

Corti hatte zu diesem Zeitpunkt noch eine Chance, seine Glaubwürdigkeit wieder herzustellen, um nachher aus einer Position der Stärke mit dem Ruf der Swissair das Gleiche zu tun: die Generalversammlung der Aktionäre vom 25. April 2001. Er nutzte sie auf seine Weise: durch einen in der Form überzeugenden, in der Sache aber enttäuschenden Auftritt.

Corti ist, daran zweifelt niemand, redegewandt, hat einen ausgeprägten Sinn für gruppendynamische Prozesse und die entsprechenden Stimmungen, kann im richtigen Moment sarkastisch sein (und im richtigen Moment eine Trauermiene aufsetzen) – kurz: er ist ein begnadeter Rhetoriker. Diese Eigenschaft wird noch verstärkt durch seine druckreife Dreisprachigkeit. Und diese Talente setzte er an der Generalversammlung konsequent ein.

Die verheerenden Fakten waren ja aus der Medienorientierung vom 2. April bereits bekannt. So konnte Corti sich nun vor der Generalversammlung im Wesentlichen darauf beschränken, durch die Aufzählung vollzogener oder geplanter Maßnahmen den Eindruck zu erwecken, er habe die Sache im Griff und das Schiff sei auf gutem Kurs. Die Lage des Unternehmens aufgrund der Ergebniszahlen der Monate Januar bis März 2001 beschönigte er nach dem gleichen Prinzip, wie dies schon seine Vorgänger zu tun pflegten. Er präsentierte stolz die gestiegenen Umsätze, verheimlichte aber die Tatsache, dass die budgetierten Gewinnziele verfehlt wurden. Der Mittelabfluss ging nämlich auch unter seinem Kommando in nahezu unvermindertem Tempo weiter.

Und wie stand es mit dem «Skizzieren, wohin unsere Reise führen soll», wie er es am Fernsehen angekündigt hatte?

Zunächst sagte Corti auch zu diesem Thema wieder einmal viel Wichtiges nicht: Er machte keine Aussagen zum Ausstieg aus der belgischen Sabena, aus der deutschen LTU und aus den beiden italienischen Beteiligungen. Er äußerte sich nicht über die (nur provisorisch aufgeschobenen)

Pendenzen in Portugal sowie über die anstehende Sanierung der Swissair (und den damit unweigerlich einhergehenden Stellenabbau), der Flugzeug-Vermietungsfirma Flightlease und anderer Beteiligungsgesellschaften. Und er ging nicht auf die Frage ein, wie er mit seinem diskreditierten Topmanagement den anstehenden radikalen Kurswechsel ohne unnötige Reibungen und Zeitverluste bewerkstelligen wollte.

Dafür teilte er voller Stolz mit, er habe mit drei Banken (die als vierte in Aussicht genommene UBS blieb interessanterweise fern) einen Milliardenkredit für die kurzfristige Stützung der Liquidität vereinbart. Tatsache ist, dass der Kredit an Bedingungen geknüpft war, welche die SAirGroup bis zu ihrem Ende nie erfüllte, dass sie also von der Milliarde nie auch nur einen einzigen Franken sehen sollte.

Unter stehendem Applaus der Anwesenden verkündete Corti schließlich, dass der unsägliche Firmenname «SAirGroup» per sofort abgeschafft sei und das Unternehmen nun wieder «Swissair Group» heiße. Auch das war ein Bluff: Die SAirGroup hieß bei Niederschrift dieser Zeilen im November 2001 immer noch so wie immer: SAirGroup.

Interessanterweise litt Cortis Ansehen unter seinen Auftritten nie, im Gegenteil. Eine deutsche Wirtschaftszeitung formulierte es so: «Wenn Mario Corti spricht, ist alles gut.» So war es.

Die Frage stellt sich, warum Corti, der hochgelobte Spitzenmanager, es nicht schaffte, in der SAirGroup für Remedur zu sorgen. Das Problem war vermutlich nicht er, sondern seine Umgebung beziehungsweise seine teilweise Inkompatibilität mit den sehr eigenen Gesetzen dieser Umgebung. Corti ist ein analytischer, gradliniger und scharfer Denker. Einer seiner liebsten Begriffe lautet «Fact-based Management». So wollte er die SAirGroup aus der Krise herausführen mit Entscheiden, die aufgrund der objektiv feststellbaren wirtschaftlichen Tatsachen beruhen, und durch sachliches, von persönlichen Überlegungen freies Abwägen zustande kommen sollten. Damit lag Corti jedoch vollständig quer in der Landschaft der realen Swissair.

Dieses Unternehmen war, wie es seine eigenen Kaderleute ausdrückten, ein «helvetischer Jemen»: «Theoretisch geeinigt und zentral regiert, in Wirklichkeit aber von Stämmen kontrolliert, die fast nur damit beschäftigt sind, gegeneinander zu intrigieren.» Und im Jemen gelten nun einmal nicht die Maximen eines Descartes, sondern jene des Basars.

So offen, direkt und kommunikativ Corti als Mensch wirkt, als Swissair-Manager war er einsam. Er hatte so gut wie keine Machtbasis und nur wenige enge Mitarbeiter, denen er wirklich vertrauen konnte (oder glaubte trauen zu können). Viele seiner Leute taten zwar so, als kooperierten sie loyal mit dem Chef, wurden auch nicht müde, dies in der Öffentlichkeit zu verkünden, doch in Tat und Wahrheit arbeiteten sie fleißig an der Verteidigung ihrer eigenen Position, lies: an der Unterminierung von Cortis Position.

Sie bauten Schutzwälle gegen den Wandel, gegeneinander und überhaupt gegen alles, was die eigene Position hätte gefährden können. Sie schwiegen in den entscheidenden Sitzungen und redeten dafür hinten herum. Und sie legten Tretminen, wohl wissend (oder zumindest in Kauf nehmend), dass auch Corti darüber stolpern konnte.

So löste sich die SAirGroup ganz langsam und für die meisten Beobachter unmerklich von innen her auf. Im Mai 2001 feuerte Corti endlich seinen Finanzchef Georges Schorderet, nachdem eine zusätzliche Revision massive Fehler in der Jahresrechnung 2000 zutage zu fördern begann. Im Juni befahl er, bis Ende Jahr konzernweit 500 Millionen Franken einzusparen.

Im Juli verlautete aus der nächsten Umgebung der neuen SAirGroup-Finanzchefin Jacqualyn Fouse erstmals, dass die Firma technisch gesehen am Rande der Zahlungsunfähigkeit stehe. Die belgische Sabena überwies (wie auch andere Firmen der Swissair-Gruppe, u. a. mehrere Flugzeug-Mietkunden der Flightlease) kein Geld mehr nach Zürich. Dagegen zahlten die Schweizer ihre aus Brüssel kommenden Rechnungen noch brav, zum Beispiel den Lohn von Sabena-Chef Christoph Müller, der formell immer noch Mitglied der Swissair-Konzernleitung und Angestellter der

Swissair war. Auch in Sachen LTU hatte Corti mehr Probleme, als er vor Presse und Finanzanalysten zugeben mochte. Das Geld der deutschen Airline reichte noch bis Ende August 2001. Und dann? Gemäß den zwischen Swissair und Mitbesitzer Rewe bestehenden Verträgen hätten die Schweizer bis 2005 für alle Defizite aufkommen müssen …

Corti war nicht zu beneiden. Die Firma brannte an allen Ecken und Enden, und je mehr Zeit ins Land zog, umso mehr musste er auch seine eigenen Versprechen Lügen strafen. Zum Beispiel das, die Krise ohne Beizug externer Experten zu bewältigen. Falsch: Die Informationspolitik der Swissair-Gruppe wurde mittlerweile vollständig durch Leute der Londoner Firma Financial Dynamics bestimmt, die Mitarbeiter des Swissair-eigenen Informationsdienstes waren nur noch deren Handlanger.

Ein Lichtblick war immerhin zu erkennen. Am 12. Juli distanzierte sich Corti erstmals diskret, aber doch dezidiert von seiner Konzernleitung. In dem Gremium werde es mit Bestimmtheit bald weitere «Anpassungen» geben, sagte er. Damit bestätigte Corti indirekt, dass eines der größten Probleme der Swissair der aus Lokalfürsten und Intriganten bestehende Filz in der Konzernleitung war. Doch handeln mochte «Super-Mario» immer noch nicht.

Die zunehmend fehlende Liquidität besorgte sich die SAirGroup mittlerweile in immer größerem Maß durch den Abzug von Bargeld aus ihren Tochtergesellschaften. Nur die Crossair konnte sich gegen dieses «Ausbluten» wehren, da sie als Einzige separat an der Börse kotiert war und somit das Argument hatte, ihre Minderheitsaktionäre schützen zu müssen. Ansonsten wurden aber nach und nach alle verfügbaren Kassen geleert, selbst die Depositenkasse des Personals. Die beiden Großbanken mussten Letztere später mit 110 Millionen Franken wieder alimentieren, damit die SAir-Angestellten nicht ihre Ersparnisse auch noch verloren.

Am 30. August kam dann die Stunde der Wahrheit. An einer Medienkonferenz präsentierte Corti die Resultate der internen Revision. Ihre Quintessenz wurde in einer Medienmitteilung unter dem typischen (vielleicht zynisch gemeinten?) Titel «Swissair Group erzielt operativen Gewinn» publiziert und besteht im Wesentlichen darin, dass der im April präsentierte Jahresabschluss 2000 als falsch deklariert wurde: die Schulden waren per Ende Jahr um eine Milliarde Franken höher als ausgewiesen und beliefen sich inklusive Obligationen und andere «normale» Verbindlichkeiten auf 17 Milliarden Franken.

Das Eigenkapital betrug statt wie angegeben 1160 in Wirklichkeit nur 716 Millionen Franken, und bis Ende Juni 2001 war es sogar auf 555 Millionen gesunken. In einem Satz: Die Firma war so gut wie pleite. Als Konsequenz sollten 1250 Stellen, das waren knapp zwei Prozent des Personalbestandes der SAirGroup, und mittelfristig sechs Flugzeuge wegfallen. Notverkäufe von Beteiligungsgesellschaften sollten die Rückzahlung von Schulden ermöglichen. Immer weniger Banken stützten das Unternehmen noch.

Ansonsten aber verkündete Corti «courant normal» – nach wie vor plante er keine einschneidende Sanierung der Swissair, keine Kursänderung, keine massive Einschränkung des Streckennetzes, keine Lohnreduktionen, alles sollte bleiben wie gehabt. Man könnte es maritim sagen: Die Musik spielte also weiter, während die «Titanic» vom Bug bis zum Heck leck war.

Für die Finanzwelt war nun aber definitiv klar, was Airline-Fachleute schon seit April ahnten: dass die SAirGroup nicht mehr zu retten war. Spätestens am 10. September 2001 sah dies auch Corti ein. An jenem Tag rief er Crossair-Chef Dosé zu sich und diskutierte mit ihm die Möglichkeit, die Swissair durch eine Verschmelzung mit der Crossair zu retten. Als dann jedoch am nächsten Tag die Attentate von New York die Welt in Schrecken versetzten und die Reiselust dämpften, gab es keinerlei Zweifel mehr daran, dass der SAirGroup und ihren Mitarbeitern, Aktionären, Kunden und Lieferanten schwere Zeiten bevorstehen würden. Corti hatte zu lange gezaudert, die Schlacht ums Überleben war verloren.

Chronik eines nicht angekündigten Todes

Die Ereignisse begannen sich nun zu überstürzen; sie werden hier der Übersichtlichkeit zuliebe in nur stark geraffter Form dargestellt.

Zwischen dem 19. und dem 22. September gab Corti die Hoffnung auf, die Swissair als eigenständiges Unternehmen zu erhalten. Sein Ziel war jetzt ihre Verschmelzung mit der Crossair – besser: die Integration der bisher faktisch autonomen Crossair in die Swissair – unter der Führung von Dosé und unter dem Namen «Swiss Air Lines». Demnach sollte die Crossair den größten Teil des Swissair-Europaverkehrs übernehmen und gleichzeitig kapitalmäßig vollständig in die SAirGroup integriert werden. Die «Kern-Swissair» sollte dabei zu einer relativ kleinen Langstrecken-Fluggesellschaft mit entsprechend weniger Personal schrumpfen – ein Konzept, ähnlich dem alten «Phoenix»-Vorschlag von Moritz Suter. Aus der SAirGroup-Konzernleitung wurden per sofort die meisten jener Manager entfernt, welche für das Debakel verantwortlich waren. Wichtig an dem Plan war, dass die neue Einheits-Airline «nach Crossair-Grundsätzen» geführt werden sollte, das heißt mit Crossair-Personalkosten und einer Crossair-Arbeitsmentalität. Im vorangegangenen Jahr holte die Basler Regional-Airline dank tieferen Löhnen, einfacheren Strukturen und höherer Arbeitsproduktivität aus jedem Lohnfranken mehr als ein Viertel mehr Transportleistung heraus als die Swissair … Am darauf folgenden Wochenende (22./23. September) bat Corti in Bern den Bundesrat um finanzielle Staatshilfe – erfolglos. Jetzt stand der Kollaps vor der Tür. Moritz Suter sah sich plötzlich vor der Gefahr, dass die von der SAirGroup gehaltenen 70 Prozent der Crossair-Aktien in untaugliche Hände fallen und damit auch sein – an sich gesundes – Unternehmen dem Untergang geweiht sein könnte.

Die Zeit eilte nun extrem, denn von den 500 Millionen Franken, welche Corti Anfang Juni als Sparziel für das zweite Halbjahr 2001 verkündete, waren zu jenem Zeitpunkt erst 22 Millionen realisiert, und die Kassenbestände schwanden von Tag zu Tag. Dann folgten hektische Tage, über deren genauen Verlauf bei Niederschrift dieser Zeilen noch keine abschließende Klarheit besteht, weil SAirGroup und Banken widersprüchliche Versionen über den Ablauf der Ereignisse präsentieren. Fest steht, dass Corti am Freitag, den 28. September, in einer Fernsehdiskussion noch den Eindruck zu erwecken versuchte, er habe die Situation unter Kontrolle. Tatsächlich musste er aber bereits am Tag darauf die Großbanken UBS und Credit Suisse um ein Sanierungspaket bitten. Dieses bestand in der Bereitstellung eines Kredits von total 1,35 Milliarden Franken, mit dem einerseits die der Swissair gehörenden Crossair-Aktien übernommen, andererseits aber auch der Weiterbestand einiger für den Flugbetrieb kritischer Betriebe der SAirGroup gesichert und zusätzliches Betriebskapital für die Crossair bereitgestellt werden sollte. Dieses von Banken, SAirGroup und Crossair gemeinsam und anscheinend einvernehmlich lancierte Projekt trug den bereits bestens bekannten Codenamen «Phoenix». Pikant daran ist, dass es in der Schweiz bereits einmal eine Fluggesellschaft dieses Namens gab. Sie lebte genau dreieinhalb Jahre lang (von Ende 1971 bis März 1974) und ging dann an der Kombination unrealistischer Ambitionen und mangelnder Geldmittel zugrunde. Ob Corti, Suter und die Bankiers sich dieser Tatsache wohl bewusst waren? Am 1. Oktober, einem Montag, wurde das Rettungspaket der Öffentlichkeit präsentiert – zusammen mit der Erklärung, dass die SAirGroup, die Swissair und zwei weitere SAir-Unternehmen die Nachlassstundung beantragen würden.

Dieser Plan war jedoch dermaßen schlecht vorbereitet, dass das Gesuch tatsächlich erst am darauf folgenden Donnerstag eingereicht wurde. In der Zwischenzeit wurden, wie Gerüchte wissen wollen, gewisse Gläubiger befriedigt, was später zu Auseinandersetzungen führen sollte.

Aus vorläufig noch unklaren Gründen – Corti behauptet, die Banken hätten zugesagtes Geld verweigert, diese sehen es anders – stellte die Swissair dann am 2. und 3. Oktober ohne jede Vorwarnung ihren gesamten Flugbetrieb ein. Das rief nun trotz seiner früheren Hilfsverweigerung den Bund auf den Plan, der sofort 450 Millionen Franken für eine provisorische Weiterführung des Betriebs bis Ende Oktober (Wechsel zum Winterflugplan) bereitstellte. Später kamen Zusagen für eine weitere Milliarde zu Gunsten des Flugbetriebs bis Ende März 2002 sowie 600 Millionen für eine namhafte Beteiligung an der Crossair hinzu. Zu den Bundesaufwendungen von total zwei Milliarden sollten weitere zwei Milliarden aus den Kantonen und aus der Privatwirtschaft hinzukommen.

Offizielles Ziel der Aktion war es, je 26 Kurzstrecken- und Langstreckenflugzeuge der Swissair vorerst weiter zu betreiben und dann spätestens mit Inkrafttreten des Sommerflugplans 2002 in die Crossair zu integrieren. Die Crossair, bis dahin eine private Gesellschaft mit rund 3500 Mitarbeitern, sollte damit zur annähernd halbstaatlichen Airline (Staatsbeteiligung 38 Prozent) mit einer politisch vorgegebenen Flottengröße und einem mehr als drei Mal so großen Personalbestand aufgebläht werden – und das innerhalb von fünf Monaten.

Zur Umsetzung dieses Ziels setzte der Bund eine Task-Force mit mehreren Untergruppen ein. Eine davon, der «Steuerungsausschuss für den Aufbau einer neuen Schweizer Fluggesellschaft», wird von Rainer E. Gut präsidiert. Weitere Mitglieder sind bei Niederschrift dieser Zeilen der Zürcher Regierungsrat Rudolf Jeker, der Bundesbeamte Peter Siegenthaler (Chef der Eidgenössischen Finanzverwaltung), Swisscom-Chef Jens Alder und der Rechtsprofessor Peter Forstmoser. Ein Luftfahrtexperte konnte entgegen der ursprünglichen Planung nicht gefunden werden, da alle angefragten Sachverständigen das Projekt für unrealisierbar hielten.

Damit hat sich ein Kreis geschlossen: Der Wiederaufbau einer Schweizer Luftfahrtpolitik ist zu einem großen Teil in den Händen jenes Mannes, der vorher maßgeblich zu ihrer Zerstörung beigetragen hat. Gut saß von 1974 bis 1995 als Vertreter der damaligen Schweizerischen Kreditanstalt im Verwaltungsrat der Swissair, war bei weitem dessen einflussreichstes Mitglied und ist, wie oben bereits verschiedentlich dargelegt, der Hauptverantwortliche für die meisten entscheidenden Fehlbesetzungen an der Swissair-Spitze. Er brachte u. a. Hannes Goetz, Philippe Bruggisser, Lukas

Mühlemann, Eric Honegger und Mario Corti in ihre Führungspositionen.

Es gibt freilich auch andere Charakterisierungen dieses Managers. Zum Beispiel diese: «Rainer Gut besitzt ein ganz hohes Maß an Intelligenz; er ist kein weitschweifig schwafelnder Intellektueller, sondern arbeitet und handelt mit einem scharfen Verstand, der gepaart ist mit einem ungewöhnlichen Instinkt und Urteilsvermögen. (...) Rainer Gut kann harte Entscheidungen treffen, wenn sie im Interesse der Sache notwendig sind. Aber ich weiß, dass diese ihn menschlich mehr bedrückten, als er dies nach außen zugibt. (...) Bei allem Einsatz und aller Konzentration auf das Geschäft ist Rainer Gut ein Mensch mit vielen Interessen und Facetten. Seine Familie, die Musik, seine Freude an guter Gesellschaft – ohne allerdings jemals ein Partylöwe zu sein –, seine sportlichen Interessen, all das ist für ihn auch wichtig und Bestandteil seines Lebens.» Also geschrieben als Porträt des neuen Nestlé-Verwaltungsratspräsidenten Rainer E. Gut von Helmut Maucher, Ehrenpräsident der Nestlé AG, im März 2000.

Welches der beiden Bilder stimmt, wird die Zukunft zeigen. Am 16. und 17. November 2001 stimmten der National- und der Ständerat dem Zwei-Milliarden-Kredit zu und mit ihm der Absicht, die Crossair faktisch zu verstaatlichen und dann zu einem völlig unorganischen Wachstum zu zwingen. Wie dieses Abenteuer enden wird, ist offen.

Ebenso wenig kann die Frage beantwortet werden, bis zu welchem Zeitpunkt die SAirGroup noch hätte gerettet werden können. War es bei Mario Cortis Amtsantritt bereits zu spät? Die meisten Beobachter sind der Ansicht, dass Corti zwar nur eine kleine, aber immerhin eine reale Chance gehabt hätte, den Kollaps noch zu vermeiden. Er hätte aber sofort und entschlossen handeln müssen. Mit einer neuen Führungsequipe, mit einer durchgreifenden und sofortigen Sanierung auch der schweizerischen Unternehmensteile (und nicht nur der ausländischen Beteiligungen), vermutlich auch mit einer Redimensionierung des Konzerns wäre das Schlimmste vielleicht noch zu verhindern gewesen. Doch die Frage ist hypothetisch: Tatsache ist, dass die Katastrophe eingetreten ist.

11. Welche Chancen hat eine neue Airline?

Prognosen sind eine heikle Angelegenheit, besonders wenn sie sich auf die Zukunft beziehen ... Der Verfasser ist sich dieser Problematik wohl bewusst und möchte sich deshalb nur sehr zurückhaltend zur möglichen Zukunft der Schweizer Luftfahrt äußern. Das Folgende basiert auf dem Informationsstand vom 19. November 2001 – diese Vorbemerkung ist wichtig angesichts der Hektik, mit der sich die Dinge entwickelten und immer noch entwickeln.

Betrachtet man die Bruchlandung der Swissair im Kontext ihrer Geschichte, so ist offensichtlich, dass hier nicht das Schicksal die Weichen gestellt hat (und erst nicht die Terrorattacke auf die Twin Towers vom 11. September 2001), sondern die Katastrophe über Jahre, ja Jahrzehnte hinweg mit einer erstaunlichen Systematik herbeigeführt worden ist.

Vordergründig geht es dabei um Fehlurteile und Fehlentscheide von Managern. Hinter diesen stand jedoch immer ein Verwaltungsrat. Dieser seinerseits war das Resultat der in der Schweiz herrschenden wirtschaftlichen und politischen Verhältnisse. Und diese wiederum waren letztlich nicht mehr als das Abbild der kollektiven Befindlichkeit dieses Landes. Mit anderen Worten: Die Swissair, die in den Untergang flog, war genau jene Swissair, die sich die Schweizer in ihrer großen Mehrheit wünschten. Sie war schon immer ein nationales Symbol, im Laufe der Zeit immer weniger eine gewöhnliche Unternehmung – und wurde immer mehr zum Phantom.

Die starke Symbolkraft des Phänomens «Swissair» zeigt sich auch in der extrem emotionalen Art und Weise, in der die Schweiz – die Bevölkerung ebenso wie die Politiker und der größere Teil der Medien – sich mit ihrem langsamen Sterben auseinander setzte. Es war ein ganz überwiegend irrationaler Vorgang, in dem zum Beispiel eine der meistdiskutierten Fragen die war, wie denn die künftige Fluggesellschaft heißen solle. Für sehr viele Leute war und ist es offensichtlich nicht vorstellbar, dass eine schweizerische Fluggesellschaft anders als Swissair heißen kann. Dass es seit 22 Jahren eine Crossair gibt, außerdem eine easyJet Switzerland und eine Swisswings – alles renommierte, wenn auch (außer der Crossair) kleinere Airlines, und erfolgreichere als die Swissair dazu, denn im Unterschied zu dieser existieren sie noch – und dass diese ebenfalls gute Arbeit leisten, diese und viele andere Fakten (etwa die Sinnlosigkeit des Vorhabens, in der Schweiz einen großen Zentralflughafen mit Nonstopflügen in die ganze Welt betreiben zu wollen) versinken offenbar im Grundrauschen der kollektiven nationalen Betroffenheit.

Eine kleine Rechenübung

Versuchen wir also, einige Dinge in nüchterne Zahlen zu gießen.

Die Swissair als Fluggesellschaft ist mindestens seit Anfang September 2001 klinisch tot, eine Wiederbelebung ist ausgeschlossen. Ihre Mutterfirma SAirGroup ist an der selbst verursachten Schuldenlast erstickt, die Fluggesellschaft an ihrem zu hohen Kostenniveau sowie am aufgeblähten interkontinentalen Streckennetz zugrunde gegangen. Addiert man zu den von der SAirGroup angehäuften Schulden von 17 Milliarden Franken den Bilanz-Sanierungsbedarf sowie die seit Anfang Oktober 2001 zusätzlich aufgelaufenen Defizite, so kommt man per Mitte November auf einen totalen Fehlbetrag von etwa 22 Milliarden Franken. Das entspricht etwa dem gesamten Bruttosozialprodukt der Schweiz in einem Monat. Anders gesagt: Wollte man die SAirGroup schuldenfrei und «sauber» liquidieren, so müssten theoretisch alle Schweizer einen Monat lang gratis arbeiten.

Um den Tod der Swissair um sechs Monate (von Anfang Oktober 2001 bis Ende März 2002) hinauszuschieben, hat allein der Bund 1450 Millionen Franken bewilligt. Das sind 200 Franken pro Einwohner der Schweiz.

Total beläuft sich das innerhalb von drei Wochen aus Steuergeldern bewilligte Hilfspaket für die schweizerische Luftfahrt – die Bankenhilfe nicht eingerechnet – auf gut zwei Milliarden Franken. Pro Kopf der Bevölkerung hat die Schweiz damit für den Zweck der Sanierung eines einzelnen Betriebes innerhalb von weniger als einem Monat 5,5-mal so viel bewilligt wie zuvor die ganze Europäische Union während zehn Jahren.

Addiert zu den staatlichen die privaten Aufwendungen, so sind es vier Milliarden Franken. Damit könnten die erwarteten Defizite aller 28 Mitglied-Fluggesellschaften der Association of European Airlines im Jahre 2001 gedeckt werden. Alternativ ließe sich mit dem Betrag an der Börse (theoretisch) eine große Airline wie British Airways kaufen.

Basis der vom Parlament bewilligten Rettungsversuche ist die Annahme, dass sich von der Schweiz aus 26 Langstreckenflugzeuge wirtschaftlich einsetzen lassen. In Deutschland, dessen Markt rund zehnmal so groß ist wie der schweizerische, setzt die Lufthansa etwa 55 Langstreckenflugzeuge ein, also etwa doppelt so viele. Mit anderen Worten: Die Schweizer Strategie geht von der Annahme aus, dass sich in der Schweiz, auf die Bevölkerungszahl umgerechnet, fünfmal so viele Langstreckenflugzeuge wirtschaftlich betreiben lassen wie in Deutschland. (Charterflugzeuge sind in beiden Fällen nicht eingerechnet.)

Noch deutlicher wird diese Rechnung, wenn man einzelne Flughäfen vergleicht. München hat ein höheres Verkehrsaufkommen als Zürich; dort hat die Lufthansa Ende 2001 drei Langstreckenflugzeuge stationiert, also weniger als ein Achtel der für Zürich vorgesehenen Kapazität.

Würde die Crossair keine Swissair-Flugzeuge und fast kein Swissair-Personal übernehmen, so wäre nach Angaben des Bundes mit bis zu 35 000 Entlassungen (inklusive indirekte Folgen) zu rechnen. Im September 2001 waren in der Deutschschweiz 35380 Arbeitslose registriert, diese Zahl würde demnach auf über 70 000 ansteigen. 1997 zählte die Deutschschweiz dagegen mehr als 117 000 Arbeitslose, ohne dass das System zusammengebrochen wäre.

Die ohne Einbezug des Crossair-Verwaltungsrates und ohne Zustimmung von deren Aktionären vorbereitete Neustrukturierung der Fluggesellschaft läuft auf eine Teilverstaatlichung hinaus. Die Schweiz ist neben Neuseeland das einzige Land der Welt, das sich anschickt, eine private Airline (und erst noch eine gut funktionierende) teilweise zu verstaatlichen. Selbst die ehemalige Sowjetunion hat ihre Fluggesellschaften privatisiert.

Die teilstaatliche «Neue Crossair» wird nach den heutigen Vorstellungen die einzige Fluggesellschaft der Welt sein, die sich in planwirtschaftlicher Weise an der Vorgabe einer bestimmten Flottengröße (26/26) orientieren muss. Dabei soll sie unter äußerem Zwang innerhalb weniger Monate auf das annähernd Dreifache ihrer organisch gewachsenen Größe aufgebläht werden.

Fazit: Die ganze staatliche Intervention ist nicht nur überflüssig, sondern potenziell äußerst schädlich. Sie kann auch noch die bisher gesunde Crossair gefährden. Wie wohl die Politiker, die Mitte Oktober 2001 für die Staatshilfe an das Projekt Phoenix gestimmt haben, in diesem Fall reagieren werden? Mit weiteren Milliarden?

Zeittafel

1978	Deregulierung des US-Luftverkehrs.
1984	Liberalisierung des Luftverkehrs zwischen Großbritannien und den Niederlanden.
1988	(1. August) Otto Loepfe wird Swissair-Chef.
1989	Gründung der Global Excellence (Swissair, Delta, Singapore)
1990	Gründung der European Quality Alliance (EQA; Swissair, SAS, Finnair, Austrian).
1991	Finnair tritt aus der EQA aus.
1992	(April) Hannes Goetz wird als Verwaltungsratspräsident gewählt.
	Erstes Open-Sky-Abkommen der USA (mit den Niederlanden);
	(6. Dezember) Ablehnung des EWR-Beitritts durch die Schweizer Bevölkerung.
	Finnair tritt aus der EQA aus.
1993	Liberalisierung des Luftverkehrs in der EU.
	Verhandlungen zur Gründung von Alcazar (erfolglos).
1995	Swissair kauft 49,5 Prozent der Sabena-Aktien.
	(Dezember) SAS verlässt die EQA.
1996	(27. Februar) Paul Reutlinger wird Chef der Sabena.
	(1. Januar) Philippe Bruggisser wird operativer Chef der Swissair.
1997	(1. Januar) Bruggisser ersetzt Loepfe auch als Konzernleiter, Loepfe wird entlassen.

(11. März) Jeffrey Katz wird operativer Chef der Swissair.
SAS tritt der Star-Allianz bei.

1998 Beteiligungen an Volare, Air Europe, South African und LTU werden gekauft.
Kauf der Beteiligung an TAP Air Portugal wird eingeleitet.

1999 Beteiligungen an LOT, AOM und Air Littoral werden gekauft.
Kauf der Beteiligung an Portugalia wird eingeleitet.
Delta verlässt Global Excellence und kooperiert mit Air France

2000 Eric Honegger ersetzt Goetz als VR-Präsident.
Beteiligung an der Air Liberté wird gekauft.
(Juli) Katz verlässt die Swissair. Objektiv berichtender Analyst wird von der Credit Suisse entlassen.
(1. August) Reutlinger verlässt die Sabena und wird Chef von AOM, Air Littoral und Air Liberté. Nachfolger bei der Sabena wird Christoph Müller.
Singapore und Austrian verlassen Global Excellence bzw. EQA und treten der Star-Allianz bei.

2001 (23. Januar) Bruggisser wird entlassen. Eric Honegger wird Konzernchef, Moritz Suter Chef des Airline-Bereichs.
(3. Februar) Paul Reutlinger tritt zurück.
(7. März) Moritz Suter tritt zurück.
(9. März) Der SAirGroup-Verwaltungsrat erklärt mehrheitlich seinen Rücktritt.
(16. März) Mario Corti wird neuer VR-Präsident und Konzernleiter.
(2. April) Corti gibt an der Bilanzpressekonferenz Jahresverlust von 2,885 Milliarden Franken bekannt und kündigt eine Restrukturierung an.
(25. April) Generalversammlung. Corti behauptet, SAirGroup werde in Swissair Group umbenannt.
(12. Juli) Corti will zwecks Schuldenabbau in größerem Umfang

Beteiligungen verkaufen und den Konzern auf die Fluggesellschaften sowie flugverwandte Tätigkeiten beschränken.
(17. Juli) Einigung mit Belgien: Swissair kann gegen die Zusage neuer Finanzmittel aus der Sabena-Put-Option aussteigen.
(27. Juli) Einigung in Frankreich: Einheimische Holco-Group übernimmt AOM/Air Liberté.
(30. August) Resultate der internen Revision zeigen, dass Jahresabschluss 2000 unkorrekt war. Swissport und Nuance sollen verkauft, rund 1000 weitere Stellen abgebaut werden.
(20. September) Swissair teilt zusätzlichen Verkehrsrückgang aufgrund der terroristischen Anschläge in den USA mit.
(22./23. September) Corti bittet Bund erfolglos um Hilfe. Arbeitsgruppe der Wirtschaft beginnt Sanierungsbemühungen.
(24. September) Crossair soll in die Swissair integriert, der Langstreckenverkehr um 25 Proizent reduziert werden. Bei Gate Gourmet werden 3000 Entlassungen angekündigt.
(29./30. September) Banken schnüren Rettungspaket auf Basis des Crossair-Planes «Phoenix». Crossair wird aus SAirGroup ausgekauft.
(2./3. Oktober) Swissair stellt Flugbetrieb ein. Bund beschließt Hilfspaket. Crossair soll 52 Swissair-Flugzeuge übernehmen.
(16./17. November) Eidgenössisches Parlament genehmigt Hilfspaket.